나의 꿈 완전 정복

글 백영수 그림 양은아

여러분의 인생의 네비게이터는 준비했나요?

　과학의 발달로 인해 스마트폰 하나만 있으면 어디를 가든 문제가 없어요. 가고 싶은 장소의 이름만 외쳐도 척척 알아서 찾아 주는 시대에 살고 있는 거예요. 모든 것이 지도에 바탕을 두고 있지요. 예전에는 여행을 떠날 때 반드시 챙겨야 하는 것이 지도였어요. 여행할 곳의 지형을 미리 알고 떠나면 원하는 것을 쉽게 얻을 수도 있고, 아름다운 전경을 빠짐없이 둘러보고 올 수도 있어요.

　내가 가야 할 곳을 명확히 정하고 나의 목적과 능력에 맞는 여행 방법과 코스를 찾아야 합니다. 뒷동산도 제대로 오를 수 없는 사람이 에베레스트 산에 오를 수는 없는 법이니까요.

　사람들은 인생을 여행에 비유해요. 인생의 머나먼 여행을 떠나기 전 자신에게 맞는 인생 지도를 준비해야 합니다. 무엇보다도 자신은 누구인지, 어떤 강점을 가지고 있으며 무엇에 호기심이 있는지, 어떤 성격을 타고났으며 자신에게 가장 중요한 것이 무엇인지를 알아야 목적지를 제대로 정할 수 있어요. 내 인생의 꿈을 열어 주는 지도, 바로 드림 맵(Dream MAP)이 여행에 꼭 필요한 지도와 같은 인생 지도인 셈이에요. 드림 맵은 꿈을 열어가는 시기, 인생의 여행이 시작되는 시기에 반드시 챙겨야 할 인생의 네비게이터입니다.

　　외딴 섬에 두 소년이 살고 있었어요. 이런저런 놀이를 하며 시간을 보냈지만 뭔가 재미있는 것을 찾지 못했죠. 그러던 어느 날, 우연히 칼로 나무를 다듬는 놀이를 하게 되었어요. 두 소년 모두 그것에 재미를 느꼈고, 시간 가는 줄 모를 만큼 나무를 깎는 일에 빠졌어요. 시간이 흐르자 소년들의 솜씨가 좋아져서 나무를 깎아 무엇이든 만들 수 있게 되었지요. 그런데 몇 년이 지난 어느 날 두 소년 앞에 놓인 결과는 무척 달랐어요. 한 소년 앞에는 근사한 나무배가 놓여 있었고, 다른 소년 앞에는 나무 조각들만 쓰레기처럼 잔뜩 쌓여 있었던 거예요.

　　한 소년은 배를 만들겠다는 목적을 가지고 자신이 재능과 흥미를 이용한 반면, 다른 소년은 아무 목적 없이 단순히 재미로 나무를 깎았던 것입니다. 이처럼 자신의 재능과 흥미를 자신이 원하는 목적을 위해 이용하는 것과 아무 목적 없이 그냥 이용하는 것에는 엄청난 차이가 있어요. 진로 교육은 내가 가진 재능과 흥미, 타고난 성격을 알아보고 이 세상을 살아가기 위한 바른 가치관을 찾아 나만의 목적을 달성하도록 안내해 줍니다. 드림 맵은 나에게 맞는 정확한 목적을 찾아 주는 인생의 네비게이터예요.

　　드림 맵과 함께 모든 일에 스스로 즐겁고 자신 있는 슈퍼스타의 모습을 그려 보세요.

행복한 슈퍼스타를 그리머

백영수

차 례

너 자신을 알라

내가 타고난 강점에는 어떤 것이 있을까요?

강점을 살리기 위해 타고난 성격을 알고 다른 사람들과 나의 다른 점을 이해해
더불이 살아가는 지혜를 배워 보아요. 내가 어떤 것에 흥미를 가지고 있고,
그 흥미에 맞는 직업에는 어떤 것이 있는지를 알면, 인생을 살며
내가 좋아하는 일을 하며 살아가는 즐거움을 얻게 됩니다.

나를 소개합니다

1. 남들 앞에서 나를 자신 있게 소개합니다.
2. 나의 강점을 발견해 나를 이해하는 능력과 자존감을 키웁니다.
3. 친구들 사이에서 친밀감을 형성합니다.

1. 지금 나는?

- 이름 :
- 학교 :
- 학년 :
- 작성일 :   년   월   일 (요일)

나의 모습

자신의 특징을 간단하게 기록해 보아요.

①

②

③

④

⑤

①

②

③

④

⑤

①

②

③

④

⑤

①

②

③

④

⑤

2. 친구들의 모습은?

순번	이름	친구의 강점
1		
2		
3		
4		
5		
6		
7		
8		
9		
10		

3. 가장 기억에 남는 친구는?

이름	가장 기억에 남는 일

나의 강점은?

| 학습목표 |
1. 강점의 의미를 압니다.
2. 나의 타고난 강점을 발견합니다.
3. 나의 강점을 바탕으로 나의 미래를 그려 봅니다.

1. 가젤 이야기

가젤은 아프리카 초원에 사는 초식동물입니다. 언제나 치타와 사자, 하이에나 등의 먹잇감이 되는 가젤 무리 가운데 한 마리가 어느 날 자기 처지를 한탄하다가 뭔가 변화가 필요하다고 생각했어요.

가젤은 치타나 사자가 자기를 공격하는 원인을 곰곰이 생각해 보았어요. 그러고는 자기보다 더 날카로운 이빨과 힘이 있기 때문이라고 결론을 내렸습니다. 가젤은 살아남으려면 그들보다 더 힘이 강해야 하고 이빨이 날카로워야 한다고 생각했어요.

그날부터 가젤은 자기를 더 강하게 단련하는 프로그램을 만들었어요. 먼저 근육의 힘을 키우기 위해 풀이 아닌 육식으로 식단을 바꿨고, 매일 무거운 것을 들어 올리는 운동을 했어요. 그리고 이빨을 돌에 갈고 닦아 날카롭게 만드는 노력도 기울였습니다. 그러나 그 가젤은 얼마 지나지 않아 사자의 공격을 받아 다른 가젤보다 더 빨리 잡아먹히고 말았습니다.

1. 가젤은 어떤 동물인가요?

2. 가젤의 약점은 무엇인가요?

3. 가젤의 강점은 무엇일까요?

4. 가젤은 살아남기 위해 무엇을 했나요?

5. 가젤이 사자에게 다른 가젤보다 더 빨리 잡아먹힌 이유는 무엇일까요?

6. 다른 사람과의 경쟁에서 이기려면 어떻게 해야 할까요?

하버드 대학의 심리학자 하워드 가드너 박사는 다중지능(Multiple Intelligence)이라는 이론을 발표했습니다. 하워드 가드너 박사는 사람들이 다음과 같은 여덟 가지 지능을 가지고 있으며, 적당한 환경에서 충분히 키울 수 있다고 주장합니다.

1. 언어지능

단어의 소리, 리듬, 의미에 대한 감수성과 관련이 깊어요. 말과 글로 하는 활동에 능해요.
예) 작가

2. 수리논리지능

계산하는 능력이나 논리적으로 생각하는 능력으로 조금만 공부해도 성적이 좋아지지요.

3. 공간지능

시각 및 공간적 세계를 지각하는 능력으로 색, 선, 모양, 형태에 대한 지각도 포함돼요.

4. 신체운동지능

신체를 이용해 생각을 표현하는 능력으로 운동, 손재주, 연기 등을 나타내지요.

5. 음악지능

다양한 소리를 구분하고 표현하는 능력으로 음악지능의 천재성은 어린 시절에 나타난답니다.

6. 대인관계지능

다른 사람의 기분, 느낌, 의도와 감정을 분별하는 능력이에요.
예) 인기가 많은 친구들

7. 자기이해지능

자기 자신에 대한 객관적 이해 능력으로 자신의 소망을 알고 최선을 다하는 능력이에요.

8. 자연친화지능

자연을 관찰하는 능력으로 동식물의 차이점이나 공통점을 분석하는 능력이에요.

1. 하워드 가드너 박사는 어느 대학 교수인가요?

① 예일대　　② 프린스턴대　　③ MIT 공대　　④ 하버드대　　⑤ 뉴욕대

2. 하워드 가드너 박사는 몇 가지 지능을 발견했나요?

① 5가지　　② 6가지　　③ 7가지　　④ 8가지　　⑤ 10가지

3. 자기의 인생 목표를 계획할 수 있는 지능은 무엇인가요?

① 언어지능　　② 수리논리지능　　③ 공간지능　　④ 신체운동지능
⑤ 음악지능　　⑥ 대인관계지능　　⑦ 자기이해지능　　⑧ 자연친화지능

4. 생태계에 몰두하고 관심을 가지는 지능은 무엇인가요?

① 언어지능　　② 수리논리지능　　③ 공간지능　　④ 신체운동지능
⑤ 음악지능　　⑥ 대인관계지능　　⑦ 자기이해지능　　⑧ 자연친화지능

5. 어려울 때 스스로를 타이르고 격려하는 지능은 무엇인가요?

① 언어지능　　② 수리논리지능　　③ 공간지능　　④ 신체운동지능
⑤ 음악지능　　⑥ 대인관계지능　　⑦ 자기이해지능　　⑧ 자연친화지능

6. 친구를 잘 사귀고 교우 관계가 좋은 지능은 무엇인가요?

① 언어지능　　② 수리논리지능　　③ 공간지능　　④ 신체운동지능
⑤ 음악지능　　⑥ 대인관계지능　　⑦ 자기이해지능　　⑧ 자연친화지능

7. 정확하고 확실한 것을 추구하며 문제를 해결하는 지능은 무엇인가요?

    ① 언어지능   ② 수리논리지능   ③ 공간지능   ④ 신체운동지능
    ⑤ 음악지능   ⑥ 대인관계지능   ⑦ 자기이해지능   ⑧ 자연친화지능

8. 몸의 반응이 민첩한 지능은 무엇인가요?

    ① 언어지능   ② 수리논리지능   ③ 공간지능   ④ 신체운동지능
    ⑤ 음악지능   ⑥ 대인관계지능   ⑦ 자기이해지능   ⑧ 자연친화지능

9. 공부방의 배치에 대한 감각이 훌륭한 지능은 무엇인가요?

    ① 언어지능   ② 수리논리지능   ③ 공간지능   ④ 신체운동지능
    ⑤ 음악지능   ⑥ 대인관계지능   ⑦ 자기이해지능   ⑧ 자연친화지능

10. 글을 감상하고 깊이 연구하는 지능은 무엇인가요?

    ① 언어지능   ② 수리논리지능   ③ 공간지능   ④ 신체운동지능
    ⑤ 음악지능   ⑥ 대인관계지능   ⑦ 자기이해지능   ⑧ 자연친화지능

11. 소리에 특별히 민감한 지능은 무엇인가요?

    ① 언어지능   ② 수리논리지능   ③ 공간지능   ④ 신체운동지능
    ⑤ 음악지능   ⑥ 대인관계지능   ⑦ 자기이해지능   ⑧ 자연친화지능

12. 다른 사람과 입장을 바꿔 이해하는 지능은 무엇인가요?

    ① 언어지능   ② 수리논리지능   ③ 공간지능   ④ 신체운동지능
    ⑤ 음악지능   ⑥ 대인관계지능   ⑦ 자기이해지능   ⑧ 자연친화지능

다음은 여러분의 다양한 강점을 알아보기 위한 질문이에요. 한 문제당 1분을 넘기지 말고 성의 있게 답해 보세요. 아래 점수를 참고해 각 문제의 평가란에 기록하세요.

● **신체운동지능**　　　　　　　　　　　**운동선수, 배우, 조각가?**

No	내용	평가				
		5	4	3	2	1
1	나는 줄넘기를 (중간에 걸리더라도) 5분 이상 쉬지 않고 할 수 있다.					
2	나는 쉬지 않고 산 정상까지 갈 수 있다.					
3	나는 극본을 읽고 등장인물의 행동을 실감 나게 연기할 수 있다.					
4	나는 슬픈 표정이나 기쁜 표정 등을 실감 나게 연기할 수 있다.					
5	나는 선생님이 시범 보이는 동작을 정확히 따라할 수 있다.					
6	아무리 어려운 춤동작도 몇 번 해보면 잘할 수 있다.					
7	나는 피구를 할 때 아주 빨리 날아오는 공도 피할 수 있다.					
8	나는 책상에서 굴러 떨어지는 연필을 바닥에 떨어지기 전에 잡을 수 있다.					
9	나는 공을 튀기면서 앞으로 나갈 수 있다.					
10	나는 배드민턴 경기에서 서브를 넣을 때 셔틀콕*을 정확히 맞출 수 있다.					
11	나는 무거운 물건을 들거나 힘을 써야 하는 일도 쉽게 잘할 수 있다.					
12	나는 윗몸일으키기를 쉬지 않고 1분간 잘할 수 있다.					

매우 잘함(5)　　잘함(4)　　보통(3)　　못함(2)　　매우 못함(1)

셔틀콕 : 배드민턴 경기를 할 때 사용하는 공.

● **공간지각지능** → **디자이너, 택시 운전사, 큐레이터?**

No	내용	평가				
		5	4	3	2	1
1	나는 전개도를 보고 만들어질 모양을 짐작할 수 있다.					
2	나는 위, 앞, 옆에서 본 모습을 보고 쌓기나무의 개수를 알 수 있다.					
3	나는 인물의 특징을 살려 캐릭터를 잘 그릴 수 있다.					
4	나는 꽃이나 나뭇잎 등을 관찰해 사실처럼 자세히 그릴 수 있다.					
5	나는 공부를 할 때 그림이나 마인드맵을 잘 활용할 수 있다.					
6	나는 책을 읽고 책 내용의 장면을 머릿속에 잘 떠올릴 수 있다.					
7	나는 내 방의 물건을 보기 좋고 편리하게 배치할 수 있다.					
8	나는 교실에 있는 미술 작품을 보기 좋게 전시할 수 있다.					
9	나는 약도만 보고도 처음 가는 친구 집을 잘 찾아갈 수 있다.					
10	나는 놀이공원 안내도를 보고 원하는 곳을 찾아갈 수 있다.					
11	나는 옷 색깔을 조화롭게 맞춰 입을 수 있다.					
12	나는 색의 조화를 생각해 미술 작품을 꾸밀 수 있다.					

매우 잘함(5)　잘함(4)　보통(3)　못함(2)　매우 못함(1)

No	내용	평가				
		5	4	3	2	1
1	나는 곡의 느낌을 살려 악기를 잘 연주할 수 있다.					
2	나는 처음 보는 악보도 리코더로 자연스럽게 연주할 수 있다.					
3	나는 리듬과 음정에 맞게 노래를 잘 부를 수 있다.					
4	나는 곡의 분위기와 느낌을 살려 노래를 잘 부를 수 있다.					
5	나는 시를 읽고 어울리는 가락(멜로디)을 붙여 부를 수 있다.					
6	나는 가락(멜로디)을 바꿔 새로운 분위기의 노래를 만들 수 있다.					
7	나는 리듬악기를 연주할 때 박자를 맞춰 잘 칠 수 있다.					
8	나는 장구를 장단에 맞춰 잘 칠 수 있다.					
9	나는 친구가 노래를 부를 때 틀린 음정(음의 높낮이)을 찾아낼 수 있다.					
10	나는 피아노 소리를 듣고 그 계이름을 알 수 있다.					
11	나는 음악을 들으며 그 음악의 특징에 대해 생각할 수 있다.					
12	나는 음악을 들으면 그 음악에 어울리는 장면이 자연스럽게 떠오른다.					

매우 잘함(5)　　잘함(4)　　보통(3)　　못함(2)　　매우 못함(1)

No	내용	평가				
		5	4	3	2	1
1	나는 내 생각과 느낌을 잘 나타내 글(일기나 시 등)을 쓸 수 있다.					
2	나는 친구에게 하고 싶은 말을 조리 있게 편지로 쓸 수 있다.					
3	나는 내 의견이나 기분을 상대방에게 말로 잘 전달할 수 있다.					
4	나는 내가 경험한 일을 다른 사람에게 실감 나게 이야기 할 수 있다.					
5	나는 이야기 뒷부분을 상상해 재미있게 꾸며 쓸 수 있다.					
6	나는 이야기의 배경이나 인물의 성격을 바꿔 이야기를 자연스럽게 꾸며 쓸 수 있다.					
7	나는 시나 소설을 즐겨 읽고 좋은 내용이 있으면 쉽게 감동하는 편이다.					
8	나는 시나 이야기 속에서 인상 깊은 표현을 잘 찾아낼 수 있다.					
9	나는 설명이나 주장하는 글을 읽고 중심 내용을 잘 찾아낼 수 있다.					
10	나는 이야기를 읽고 흐름을 잘 파악할 수 있다					
11	나는 교장 선생님의 훈화를 듣고 요점을 잘 알 수 있다.					
12	나는 친구들이 하는 농담이나 유머를 빨리 알아들을 수 있다.					

매우 잘함(5)　　잘함(4)　　보통(3)　　못함(2)　　매우 못함(1)

No	내용	평가				
		5	4	3	2	1
1	나는 복잡한 계산도 빠르고 정확하게 할 수 있다.					
2	나는 계산 문제를 푼 뒤 검산으로 확인할 수 있다.					
3	나는 문장으로 된 수학 문제를 식을 세워 잘 풀 수 있다.					
4	나는 수학 문제를 보고 해결 과정을 쉽게 찾아낼 수 있다.					
5	나는 여러 가지 사실에서 새로운 사실(결론)을 알아낼 수 있다.					
6	나는 어떤 일이 생겼을 때 결과를 잘 예상할 수 있다.					
7	나는 수학책에 나오는 내용을 쉽고 빠르게 이해할 수 있다.					
8	나는 수학 시간에 선생님이 설명하는 내용을 잘 이해할 수 있다.					
9	나는 문제 속에서 문제를 해결할 단서를 잘 찾아낼 수 있다.					
10	나는 앞뒤 관계를 이용해 규칙성을 찾아 문제를 해결할 수 있다.					
11	나는 설명을 들으면 혼자 수학 문제를 푸는 데 별 어려움이 없다.					
12	나는 내가 해결한 문제를 다른 사람에게 이해하기 쉽게 설명할 수 있다.					

매우 잘함(5)　　잘함(4)　　보통(3)　　못함(2)　　매우 못함(1)

No	내용	평가				
		5	4	3	2	1
1	나는 친구의 일에 함께 기뻐하거나 슬퍼한다.					
2	나는 불쌍한 사람에 대한 방송이나 이야기를 들으면 안타깝고 마음이 아프다.					
3	나와 함께 있으면 친구들이 매우 즐거워한다.					
4	나는 어색한 분위기를 풀기 위해 먼저 이야기를 하는 편이다.					
5	나는 친구끼리 싸울 때 중간에서 화해시키는 역할을 잘하는 편이다.					
6	나는 친구와 싸웠을 때 내가 먼저 말을 걸어 화해하는 편이다.					
7	친구들은 내가 내린 결정을 잘 따른다.					
8	나는 친구들을 설득해 내가 옳다고 생각하는 일을 하게 할 수 있다.					
9	나는 주변에 나를 좋아하는 친구가 많다.					
10	나는 학기 초에 낯선 친구들과 쉽게 사귄다.					
11	나는 모둠 학습을 할 때 마음에 안 들더라도 서로 도우며 적극적으로 참여한다.					
12	나는 친구들의 의견을 존중하며 과제를 해결하려고 노력한다.					

매우 잘함(5)　잘함(4)　보통(3)　못함(2)　매우 못함(1)

No	내용	평가				
		5	4	3	2	1
1	나는 TV나 신문에 동물에 관한 프로그램이나 글이 있으면 관심 있게 본다.					
2	나는 애완동물 가게를 그냥 지나치지 않고 살펴본다.					
3	나는 다친 강아지를 보면 보살펴 주고 싶다.					
4	나는 동물을 학대하는 사람을 보면 몹시 화가 난다.					
5	나는 식물에 관심이 있고 이름이나 특징도 잘 기억하는 편이다.					
6	나는 모르는 식물을 보면 인터넷이나 책을 통해 찾아본다.					
7	나는 식물을 잘 보살피며 내가 돌보는 식물은 잘 자란다.					
8	나는 공원이나 산에 가서 예쁜 나무나 꽃을 봐도 절대로 꺾지 않는다.					
9	나는 좀 불편하더라도 숲이나 바다 등 자연에서 지내는 것을 좋아한다.					
10	나는 자연을 지키고 환경을 보호하기 위해 적극적으로 노력한다.					
11	나는 내 주변에 있는 동물이나 식물을 잘 관찰해 그 특징을 알 수 있다.					
12	나는 계절에 따른 주변 환경의 변화를 잘 파악할 수 있다.					

매우 잘함(5)　　잘함(4)　　보통(3)　　못함(2)　　매우 못함(1)

No	내용	평가				
		5	4	3	2	1
1	나는 내 마음의 상태를 알고 내가 어떤 기분인지 잘 알 수 있다.					
2	나는 내가 원하는 것과 원하는 이유를 잘 알 수 있다.					
3	나는 내 능력이나 재능을 기르기 위해 노력할 수 있다.					
4	나는 내 소질을 계발하기 위해 여러 가지 시도를 하는 편이다.					
5	나는 내가 잘못한 일에 대해 책임을 인정하는 편이다.					
6	나는 내가 맡은 역할을 충실히 해내는 편이다.					
7	나는 앞으로 어떤 사람이 되어야겠다고 많이 생각하는 편이다.					
8	나는 목표를 세우고 그것을 이루기 위해 꾸준히 노력하는 편이다.					
9	나는 내가 할 수 있는 것과 할 수 없는 것을 잘 알 수 있다.					
10	나는 내 성격의 좋은 점과 고쳐야 할 점을 잘 알고 있다.					
11	나는 쉽게 화를 내지 않으며 화가 나더라도 잘 조절할 수 있다.					
12	나는 놀고 싶어도 내가 해야 할 일을 모두 마친 뒤에 노는 편이다.					

매우 잘함(5)　　잘함(4)　　보통(3)　　못함(2)　　매우 못함(1)

4. 나의 강점 평가하기

앞에서 평가한 강점의 평가 항목을 총점이 높은 것부터 아래의 표에 기록해 보세요.

순위	강점의 종류	총 점

7. 나의 강점 선언문

나의 강점 선언문을 스스로 만들어 보아요.

나의 강점 선언문

슈퍼스타 ___________ 는

___________ 지능 ___________ 지능

___________ 지능이 뛰어납니다.

20 ____ 년 ____ 월 ____ 일

3 내가 타고난 성격

1. 성격의 의미를 압니다.
2. 나의 성격을 탐색해 봅니다.
3. 성격 유형별 특징을 압니다.
4. 나의 성격에 맞는 직업을 압니다.

1. 성격이란?

성격이란 한 사람이 일상생활을 하면서 사람, 사건, 자신, 외부 환경에 대해 보이는 일반적인 행동 양식이에요. 비교적 일정하며 갑자기 생겨나는 것은 아닙니다. '일반적이고 비교적 일정하다'는 것은 이러한 행동이 쉽게 바뀌지 않고 변하기 어렵다는 뜻이지요.

사람의 성격은 다양합니다. 어떤 사람은 잘난 체하며 화를 잘 내고, 또 어떤 사람은 매우 친절하고 활발합니다. 또 어떤 사람은 자신의 속마음을 잘 드러내지 않습니다. 한 사람의 성격은 만들어지는 과정이 정말 복잡하고, 짧은 시간에 만들어지지 않습니다. 성격은 유전, 가정, 문화, 학습, 사회 환경, 경험 등 많은 요인의 영향을 받고 자신도 모르는 사이에 만들어지지요. 비록 성격이 변하는 것은 매우 어렵지만 인생의 다양한 경험들이 성격을 천천히 변화시킵니다. 성격은 행동을 결정짓고, 행동에 따라 습관이 형성되며, 습관이 운명을 바꾸게 됩니다.

1. 여러분이 생각하는 성격은 무엇인가요?

2. 앞글에서 이야기하는 성격은 무엇인가요?

3. 사람들의 성격은 다양합니다. 여러분의 성격은 어떤가요?

4. 성격을 형성하는 요인에는 어떤 것들이 있나요?

심리학자들의 연구에 따르면 성격을 분류하는 방법은 다양하다고 해요. 여러 심리학자들의 연구를 바탕으로 네 가지로 그 유형을 나누어 보았어요. 장점은 더욱 발전시키고 단점은 보완하여 가장 효과적이고 효율적으로 공부하는 방법을 찾아보세요.

나의 학습 성격 검사하기

1. 나는 _______________ 좋아한다.

   ① 앞장서기를   ② 새로운 일하기를
   ③ 다른 사람을 돕는 것을   ④ 일을 제대로 하기를

2. 나의 성격은 _______________ .

   ① 명령적이고 주도적이다   ② 사교적이고 감정표현을 잘한다
   ③ 태평스럽고 느리다   ④ 진지하고 세심하며 상식적이다

3. 나는 학교 교칙에 대해 _______________ 고 생각한다.

   ① 옳은지 검토되어야 한다   ② 지겹다
   ③ 안전하게 해 준다   ④ 공평하게 해 준다

4. 내 방은 _______________ .

   ① 허락 받아야만 들어갈 수 있다   ② 지저분하다
   ③ 나만이 쉬는 공간이다   ④ 매우 깨끗하다

5. 다른 사람과 함께 있을 때 나는 _______________ .

   ① 대개 책임을 맡는 편이다   ② 대개 이야기하는 편이다
   ③ 대개 돕는 편이다   ④ 대개 듣는 편이다

6. 숙제를 할 때 나는 _______________________.

    ① 빨리 해치우는 편이다　　　　　② 친구와 함께 하기를 원한다
    ③ 때때로 오래 미루었다가 한다　④ 숙제를 제대로 하기를 원한다

7. 내가 교통 표어을 만든다면 _______________________.

    ① 난폭운전! 죽음을 부릅니다
    ② 웃는 엄마 밝은 아빠 알고 보니 양보운전
    ③ 조금씩 양보하면 좁은 길도 넓어진다
    ④ 너와 내가 지킨 질서 나라안전 국가번영

8. 나는 _______________________ 원한다.

    ① 내가 결정하기를　　　　　　　② 다른 사람을 기쁘게 하기를
    ③ 친구들과 한팀이 되기를　　　　④ 들은 대로 따르기를

9. 나는 _______________________ 곳에서 놀기를 좋아한다.

    ① 리더가 될 수 있는　　　　　　② 친구들과 어울릴 수 있는
    ③ 친구들을 도울 수 있는　　　　④ 최고로 잘할 수 있는

10. 나는 종종 _______________________.

    ① 지겨워한다　　　　　　　　　② 산만하다
    ③ 참는다　　　　　　　　　　　④ 생각힌다

11. 나는 친구의 말을 들을 때 _______________________.

    ① 종종 찬을성이 없나　　　　　② 주의가 산만하다
    ③ 기꺼이 주이를 기울어 튼다　④ 사실에 초점을 맞추고 분석한다

12. 나는 매우 _______________________.

    ① 경쟁적이다　　　　　　　　　② 말을 많이 힌다
    ③ 친절하다　　　　　　　　　　④ 주의깊다

13. 나는 새로운 것에 대해 ________________.

   ① 해결책을 찾는다   ② 주저하지 않고 한다
   ③ 천천히 시간을 갖고 한다   ④ 질문을 한다

14. 나의 친구들은 나를 ________________ 고 생각한다.

   ① 심각하다   ② 모험적이다
   ③ 차분하다   ④ 조심스럽다

15. 나의 가족은 나에게 ________________ 말한다.

   ① 속도를 늦추라고   ② 더 많이 귀를 기울이라고
   ③ 서두르라고   ④ "해 봐! 마음에 들 거야"라고

16. 나는 ________________ 싫어한다.

   ① 남이 시켜서 하는 일을   ② 같은 일을 반복해서 하는 것을
   ③ 갑작스럽게 바뀌는 것을   ④ 실수하는 것을

17. 일이 뜻대로 되지 않으면, 나는 ________________.

   ① 화가 난다   ② 기분이 언짢다
   ③ 슬퍼진다   ④ 조용히 있는다

18. 나는 ________________ 잘한다.

   ① 통솔하는 것을   ② 격려하는 것을
   ③ 도와주는 것을   ④ 계획 세우는 것을

19. 나는 시작한 일을 ________________ 잘한다.

   ① 금방   ② 가끔
   ③ 필요할 때   ④ 정해진 시간 안에

20. 나는 친구들이 _________________________ 싫다.

    ① 내가 잘못했다고 할 때   ② 나를 혼자 둘 때
    ③ 내게서 뭔가를 빼앗아 갈 때   ④ 친절하게 안 할 때

21. 나는 너무 _________________________ .

    ① 거만하다   ② 잘 잊어버린다
    ③ 결정을 잘 못한다   ④ 까다롭다

22. 나는 _________________________ 말한다.

    ① 내 기분을 정확하게   ② 다른 사람들을 웃게
    ③ 다른 사람들을 기분 좋게   ④ 먼저 생각한 후에

23. 축구팀에 들어가면 내 포지션은 _________________________ 다.

    ① 최전방 공격수   ② 공격형 수비수
    ③ 수비형 공격수   ④ 최종 수비수

24. 공중화장실이 너무 지저분하다. 그러면 나는 _________________________ .

    ① 지저분하다고 구시렁거리며 직접 치우고 볼일을 본다
    ② 신문을 바닥에 펴 놓고 흥미 있는 기사를 읽으며 볼일을 본다
    ③ 볼일만 볼 수 있으면 더러운 곳을 살짝 피해 볼일을 본다
    ④ 참기 힘들어도 끝까지 참고 집에 와서 볼일을 본다

25. 뭔가를 원할 때 나는 _________________________ .

    ① 그것을 얻기 위해 일을 한다   ② 그것을 요구한다
    ③ 그것을 위해 저축한다   ④ 그것을 위해 계획한다

* 해답으로 적은 각 항의 갯수를 집계해 주세요. 집계순으로 자신은 어떤 유형인지 알 수 있어요.

① 자발적인 비버형(Behavioral Beaver)
② 춤추는 돌고래형(Dancing Dolphin)
③ 성실한 꿀벌형(Hardworking Honey Bee)
④ 호기심이 많은 고양이형(Curious Cat)

나의 학습 성격은 ________________________ 이에요.

네 가지 성격의 특징

① 자발적인 비버형(Behavioral Beaver)

- 공부, 숙제 등을 스스로 하려고 해요.
- 공부를 시작하면 집중력이 좋아요.
- 간단하게 핵심만 말하기를 좋아해요.
- 즉각적으로 결과를 얻기 원해요.
- 당장 써먹을 수 있는 것에 관심이 높아요.
- 가만히 앉아서 공부하는 것보다 실험하고 체험하는 것이 더 좋아요.
- 수업에 불만사항이 있으면 선생님께 불만을 직접 말해요.

② 춤추는 돌고래형(Dancing Dolphin)

- 자신의 재능을 친구와 선생님께 보여주고 싶어요.
- 선생님의 질문에 답을 몰라도 아주 빠르게 손을 들고 나서 답을 생각해요.
- 외모, 복장, 말하는 태도에 신경이 쓰여요.
- 표현은 적극적으로 잘하나 체계적, 논리적, 분석적이지 못해요.
- 공주병, 왕자병 등 남에게 인정받고자 하는 의식이 강해요.
- 자신의 인기관리에 관심이 높아요.

③ 성실한 꿀벌형(Hardworking Honey Bee)

- 수업시간에 늦지 않게 잘 참석하고 수업 태도가 좋아요.
- 단원목표, 내용 등 모든 것을 이해하기 원해요.

1. 자발적인 비버형의 학습 성격이 아닌 것은?

    ① 스스로 해요.   ② 추진력이 있어요.

    ③ 자기주도적이에요.   ④ 순종해요.

    ⑤ 화를 잘 내요.

2. 춤추는 돌고래형의 학습 성격이 아닌 것은?

    ① 활동적이에요.   ② 산만해요.

    ③ 친구를 잘 사귀어요.   ④ 내성적이에요.

    ⑤ 매력이 있어요.

3. 성실한 꿀벌형의 학습 성격이 아닌 것은?

    ① 참을성이 있어요.   ② 고집이 세요.

    ③ 남을 먼저 생각해요.   ④ 스스로 알아서 해요.

    ⑤ 변화를 싫어해요.

4. 호기심이 강한 고양이형의 학습 성격이 아닌 것은?

    ① 완벽한 것이 좋아요.

    ② 이것저것 따져보는 것이 좋아요.

    ③ 혼자 있기보다 친구들과 어울리는 것이 좋아요

    ④ 예민해요.

    ⑤ 새로운 것을 만드는 것을 좋아해요.

4. 나의 흥미

| 학습목표 | 1. 흥미의 의미를 압니다.
2. 흥미검사를 통해 나의 흥미를 탐색해 봅니다.
3. 흥미와 직업이 어떤 관련이 있는지 알아봅니다.
4. 나의 흥미에 맞는 직업을 찾아봅니다.

1. 흥미란?

흥미란 어떠한 사물이나 활동에 대해 나타내는 감정이나 태도, 즉 관심이나 취미를 뜻해요. 흥미는 마치 좋아하는 사람과도 같습니다. 좋아하는 사람을 뚫어지게 쳐다보면 모든 것이 잘 생겨 보이거나 예뻐 보이죠? 좋아하는 일을 하면 모든 것이 즐거워집니다. 또 흥미가 주는 기쁨은 목표를 달성했을 때뿐만 아니라 과정 중에도 생겨요. 작가는 작품이 완성되면 기분이 좋겠지만 자료를 수집하고 글을 쓸 때도 큰 기쁨을 느낍니다. 강한 흥미는 즐거움을 주고 게으름을 이기게 해 주며 걱정을 잊게 해 주지요. 그리고 온 정신을 집중할 수 있게 해 주고 어떤 어려움도 극복하게 만들어요. 그래서 흥미는 노력과 매우 밀접한 관련이 있습니다.

1. 흥미란 무엇인가요?

2. 강한 흥미는 무엇을 제공해 주나요?

3. 내가 좋아하는 것에 ○표 하세요.

동화 꾸미기와 동시 짓기	불쌍한 사람 도와주기	
다른 사람을 말로 잘 설득하기	수학 응용문제 풀기	
부품을 조립하여 만들기	사회자가 되어 회의 진행하기	
깔끔하게 정리정돈하기	물건이나 돈 아껴쓰기	
많은 사람 앞에서 의견 말하기	계산을 빠르고 정확하게 하기	
친구의 고민 듣고 위로하기	말이나 글을 논리적으로 표현하기	
정해진 규칙이나 약속 지키기	아이들이 좋아하는 만화 그리기	
무엇이든 분석하고 원인 따져보기	활동적인 놀이나 운동하기	
감정을 살려 노래 부르기	힘든 일을 하더라도 잘 견디기	
아름답게 꾸미기	과학이나 역사에 관한 책 읽기	
망치나 드라이버 등 공구 다루기	창의적으로 만들기	
바느질, 뜨개질, 종이접기 하기	약속한 것을 잊어버리지 않고 잘 챙기기	
어려운 사람에게 봉사활동 하기	주의 깊게 관찰하고 연구하기	
친구들과 함께 재미있는 이야기 나누기		

2. 흥미와 직업

나에게 알맞은 직업을 어떻게 선택할 수 있을까요? 직업을 고를 때 최신의 방법은 자신이 가장 중요하게 여기는 흥미를 찾는 거예요. 자신이 가장 좋아하는 일을 하면 일하는 과정이 즐거워지고, 이 일이 바로 즐거움의 원천이라고 생각할 수 있지요. 좋아하는 일을 하면 자신을 더욱 적극적인 사람으로 만들어 더 큰 성공의 기회를 가져오고 더 큰 힘과 더 많은 생각을 하게 만들어 줍니다. 그리고 더 높은 성취감을 주어 자신의 능력을 인정하게 되고, 자신감이 생겨 잠재된 능력을 충분히 발휘하게 되지요.

1. 어떤 일을 할 때 가장 행복할까요?

2. 자신이 좋아하는 일을 하면 일하는 과정이 어떨까요?

3. 많은 나라를 여행하고 싶어 하는 사람에게는 어떤 일이 적합할까요?
   ① 교수   ② 선생님   ③ 택시 운전사   ④ 관광 가이드   ⑤ 변호사

4. 맛있는 음식을 먹고 싶어 하는 사람에게 적합한 직업이 아닌 것은?
   ① 소믈리에   ② 호텔리어   ③ 바리스타   ④ 주방장   ⑤ 인테리어 디자이너

5. 많은 연구를 하고 싶은 사람에게 적합한 직업은?
   ① 수학자   ② 건축 기사   ③ 판매원   ④ 과학자   ⑤ 변호사

6. 사람들의 관심을 받고 싶어 하는 사람에게 적합한 직업은?
   ① 청소부   ② 연예인   ③ 군인   ④ 경찰   ⑤ 의사

7. 자연과 접촉하고 싶어 하는 사람에게 적합한 직업은?
   ① 정치가   ② 기업가   ③ 원예가   ④ 수의사   ⑤ 심리학자

8. 다른 사람을 도와주고 싶어 하는 사람에게 적합한 직업은?
   ① 군인   ② 선생님   ③ 가수   ④ 사회복지사   ⑤ 운동선수

진로심리학자 홀랜드(John I. Hollend)는 개인의 행동 양식이나 인성 유형이 직업 선택과 발달에 중요한 영향을 미친다는 이론을 내놓았어요. 그는 개인의 행동은 인성과 환경의 상호작용 결과이며, 직업 선택은 이러한 인성이 밖으로 드러난 것이라고 했지요. 그래서 사람들은 자기의 인성 유형을 밖으로 드러낼 수 있는 직업 환경을 선택한다는 거예요.

다음 활동은 홀랜드의 흥미 유형 검사예요. 다음 여섯 개 문항에 응답한 뒤, 그 점수로 자신의 흥미 유형과 진로를 알아보아요.

문항 1

1) 아래의 항목 중 좋아하는 것에 ○표 하세요.

① 강하다
② 순종한다
③ 물질주의적이다
④ 고집이 세다
⑤ 실제적이다
⑥ 현실적이다
⑦ 엄격하다
⑧ 안정적이다
⑨ 무뚝뚝하다
⑩ 검소하다

2) 아래의 항목 중 좋아하는 정도를 표시하세요.

① 손이나 도구를 사용하는 일

--------- ①　②　③　④　⑤

② 기계나 물건을 수리하거나 만드는 일

--------- ①　②　③　④　⑤

③ 공구나 기계를 다루는 일

--------- ①　②　③　④　⑤

1) 에 ○표한 개수 + 2) 점수의 합계 = ◯

1) 아래의 항목 중 좋아하는 것에 O표 하세요.

① 과학적이다
② 합리적이다
③ 방법적이다
④ 수학적이다
⑤ 논리적이다
⑥ 지적이다
⑦ 독립적이다
⑧ 창의적이다
⑨ 호기심이 많다
⑩ 비판적이다

2) 아래의 항목 중 좋아하는 정도를 표시하세요.

① 복잡한 원리나 방법을 이해하는 것

- - - - - - - - - - ① ② ③ ④ ⑤

② 추상적인 문제를 푸는 것

- - - - - - - - - - ① ② ③ ④ ⑤

③ 수학, 과학 같은 과목을 공부하는 것

- - - - - - - - - ① ② ③ ④ ⑤

1) 에 O표한 개수 + 2) 점수의 합계 =

1) 아래의 항목 중 좋아하는 것에 O표 하세요.

① 예민하다
② 창의적이다
③ 비우호적이다
④ 정서적이다
⑤ 표현적이다
⑥ 비현실적이다
⑦ 독립적이다
⑧ 혁신적이다
⑨ 자유분방하다
⑩ 통찰력이 있다

2) 아래의 항목 중 좋아하는 정도를 표시하세요.

① 자신을 표현하는 일

- - - - - - - - - ① ② ③ ④ ⑤

② 창의적인 글쓰기, 작곡, 연기 등

- - - - - - - - - ① ② ③ ④ ⑤

③ 미술, 희곡, 음악 등의 작품을 창작하는 일

- - - - - - - - - ① ② ③ ④ ⑤

1) 에 O표한 개수 + 2) 점수의 합계 =

1) 아래의 항목 중 좋아하는 것에 O표 하세요.

① 가르친다
② 이해한다
③ 책임진다
④ 다른 사람의 의견을 받아들인다
⑤ 배려한다
⑥ 공감한다
⑦ 우호적이다
⑧ 도움을 준다
⑨ 친절하다
⑩ 설득한다

2) 아래의 항목 중 좋아하는 정도를 표시하세요.

① 사람을 교육하고 치료하는 일

----------- ①　②　③　④　⑤

② 다른 사람의 복지에 대한 일이나 관심

----------- ①　②　③　④　⑤

③ 다른 사람과 협력해서 하는 일

---------- ①　②　③　④　⑤

1) 에 O표한 개수 ㅣ 2) 점수의 합계 = ◯

1) 아래의 항목 중 좋아하는 것에 O표 하세요.

① 생산적이다
② 설득적이다
③ 영향력이 있다
④ 열성적이다
⑤ 지배적이다
⑥ 확신적이다
⑦ 엄격하다
⑧ 자기주장이 강하다
⑨ 경쟁적이다
⑩ 모험적이다

2) 아래의 항목 중 좋아하는 정도를 표시하세요.

① 권력, 지위, 성취를 위한 일

-------- ①　②　③　④　⑤

② 야망, 열정, 판매, 정치 관련 활동

------- ①　②　③　④　⑤

③ 님을 시노하고 통제하고 설득하는 일

------ ①　②　③　④　⑤

1) 에 O표한 개수 + 2) 점수의 합계 = ◯

1) 아래의 항목 중 좋아하는 것에 O표 하세요.

① 성실하다
② 끈기 있다
③ 질서 정연하다
④ 간결하다
⑤ 통제가 가능하다
⑥ 실용적이다
⑦ 정확하다
⑧ 침착하다
⑨ 보수적이다
⑩ 순종적이다

2) 아래의 항목 중 좋아하는 정도를 표시하세요.

① 세부적이고 질서 정연한 일

---------- ①　②　③　④　⑤

② 자료를 정리하고 분류하는 일

---------- ①　②　③　④　⑤

③ 자신에게 정해진 일이 무엇인지 아는 일

---------- ①　②　③　④　⑤

1) 에 O표한 개수 + 2) 점수의 합계 = ◯

- 6개 문항별로 점수 합계를 냅니다.
- 가장 높은 점수를 받은 것이 자신의 흥미 분야에 해당합니다.
  ①-현장형(R) ②-탐구형(I) ③-예술형(A) ④-사회형(S) ⑤-기업형(E) ⑥-사무형(C)

● 나의 흥미 유형 분석표

문항	❶ 현장형	❷ 탐구형	❸ 예술형	❹ 사회형	❺ 기업형	❻ 사무형
점수						
순위						

흥미 유형	특성	관련 직업
R 유형 현장형 (Realistic)	• 장난감이나 기구를 가지고 놀기를 좋아한다. • 무뚝뚝하고 말이 적은 편이다. • 축구, 농구 등의 운동을 잘한다. • 집안의 가전제품에 관심이 많고 고장 나면 나서서 잘 고친다. • 조용히 앉아서 지내기보다 뛰어놀기를 좋아한다.	제과제빵사, 기계기사, 방송기사, 전산기술자, 컴퓨터기사, 조종사
I 유형 탐구형 (Investigative)	• 책읽기를 좋아한다. • 지적 호기심이 많다. • 질문이 많은 사람이다. • 집중력이 강하다. • 논리적으로 따지기를 잘한다. • 혼자 있기를 좋아한다. • 대체로 공부를 잘한다. • 여러 자료를 탐색하고 신중하게 결정 내리기를 좋아한다.	철학자, 수학자, 약사, 교육학자, 생물학자, 수의사, 의사, 번역가
A 유형 예술형 (Artistic)	• 예술적인 영역에서 뛰어나다. • 엉뚱하고 기발한 생각을 많이 한다. • 감정적이고 변덕스럽다. • 규칙을 지키는 것이 어렵다. • 감정이 예민한 편이다. • 간섭받기를 매우 싫어한다. • 정확하고 꼼꼼하게 일을 처리하는 것이 어렵다. • 다소 산만해 보일 수 있다.	음악평론가, 무용가, 메이크업 아티스트, 탤런트, 사진작가, 성우, 애니메이터
S 유형 사회형 (Social)	• 따뜻하고 인정이 많고 착한 사람이다. • 봉사정신이 강해 다른 사람을 돕거나 돌보는 일을 좋아한다. • 친구들과 어울리기를 좋아하고 친구들이 많다. • 타인의 마음을 잘 이해해 주는 사람이다. • 혼자 지내기보다는 늘 다른 사람과 함께하려고 한다. • 동정심이 많고 다른 사람의 감성에 민감하게 반응한다.	상담 교사, 목사, 전문 MC, 아나운서, 피부 미용사

흥미 유형	특성	관련 직업
E 유형 기업형 (Enterprising)	• 남 앞에 나서기를 좋아한다. • 표현력과 리더십이 뛰어나다. • 경쟁이나 놀이에서 꼭 이겨야 한다. • 친구들 사이에서 대장 역할을 하며 활발하게 어울려 논다. • 놀이나 모임에서 사회자가 되기를 더 원한다. • 다른 사람과 의견, 아이디어를 나누며 토론해서 결정 내리기를 좋아한다. • 보상에 민감하다.	기자, 패션모델, 스튜어디스, 뮤직비디오 감독, PD, 연극인
C 유형 사무형 (Conventional)	• 꼼꼼하고 철두철미해서 좀처럼 실수를 하지 않고 빈틈없는 사람이다. • 학교 준비물을 빠뜨리지 않고 가져간다. • 공부를 할 때도 계획을 세워 계획대로 진행한다. • 용돈을 절약해 저축을 한다. • 맡은 일에 끝까지 책임을 다한다. • 좀처럼 지각하지 않는다. • 방청소를 깔끔히 잘한다. • 구조화하고 정리하고 마무리 짓는 것을 좋아한다. • 한 번에 하나의 과제를 계획한 대로 실행하는 것을 좋아한다.	방송 스크립터, 회계사, 컴퓨터 게임 프로그래머, 정보검색사, 공무원

5. 나의 직업 흥미와 직업

나의 흥미

① ________________

② ________________

③ ________________

나의 흥미에 맞는 직업 BEST 5

직업의 종류	하는 일
1	
2	
3	

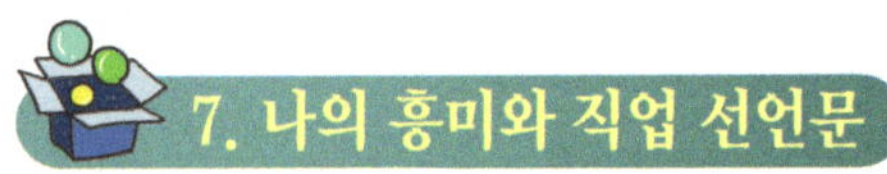

나의 흥미에 맞는 직업을 선택하고 최선을 다해 보아요.

나의 흥미와 직업 선언문

슈퍼스타 ______________ 는

______________ 흥미 유형입니다.

나의 흥미 유형에 맞는 직업인 ① ______________

② ______________ ③ ______________ 에

관심을 갖고 최선을 다합니다.

20 ____ 년 ____ 월 ____ 일

나의 가치관

| 학습목표 |

1. 가치관의 의미를 압니다.
2. 자신에게 소중한 것이 무엇인지를 말할 수 있습니다.
3. 직업을 선택할 때 우선되는 가치관이 무엇인지 발표할 수 있습니다.

1. 가치관이란?

가치관이란 사람, 일, 사물 등이 나에게 얼마나 중요한 것인지를 따져보는 판단이에요. 돈을 중요하게 생각하는 사람은 돈을 벌기 위해 1년 내내 쉼 없이 일하고도 피곤을 느끼지 않으며, 심지어 두 가지 직업을 가지기도 합니다. 실세로 사람들은 가치관이 서로 다르기 때문에 서로 다른 생활방식, 문제해결 방법, 목표, 직업을 선택합니다. 공부를 중요하게 생각하는 사람과 노는 것을 중요하게 생각하는 사람이 선택하는 생활방식은 절대 같을 수 없습니다. 또 직업이 같다고 해도 각자의 가치관은 다를 수 있습니다. 남들 앞에 자신을 드러내고 싶어 하는 사람이 있는가 하면 드러내지 않고 불쌍한 사람들을 돕는 사람도 있습니다. 그래서 가치관은 마치 보이지 않는 손처럼 자신의 운명과 일생을 결정합니다.

1 . 가치관은 무엇인가요?

2. 가치관의 특징이 무엇인지 앞글에서 찾아 써 보세요.

3. 보이지 않는 손처럼 나의 운명과 일생을 결정하는 것은 무엇인가요?

2. 가치관과 공부

"사람마다 바라는 것이 있다"는 옛말이 있습니다. 여기서 말하는 바라는 것이 장래의 직업에 작용하면 바로 '공부의 가치관'이 됩니다. 간단히 말해 학생이 공부할 때 추구하는 목적과 목표를 말하며 서로 다른 인생철학을 반영한다고 할 수 있습니다. 어떤 사람은 평생 가난한 사람을 도와주기를 원하고, 어떤 사람은 평생 더 많은 재산을 쌓기 위해 노력할 것입니다. 이러한 차이는 모두 서로 다른 가치관 때문에 생기지요. 그러므로 자신의 인생에서 무엇이 가장 중요한 것인지를 알고 꼭 맞는 것을 찾아야 합니다. 그래야 인생의 목적과 목표를 달성하는 데 도움이 됩니다.

1. "사람마다 바라는 것이 있다"는 말은 공부에서 어떤 의미일까요?

① 사람마다 공부에 대해 서로 다른 가치관을 가진다.
② 사람마다 공부에 대해 비슷한 가치관을 가진다.
③ 사람은 누구나 공부에 대한 가치관을 가져야 한다.
④ 공부에는 가치관이 필요 없다.
⑤ 학생에게는 가치관이 없다.

2. 공부를 하면서 어떻게 자신의 목표를 달성할 수 있을까요?

① 다른 것을 모두 포기하고 목표만 생각한다.
② 나의 가치관과 공부는 상관없다.
③ 공부를 통해 가치관을 알게 된다.
④ 나의 가치관과 공부의 목적은 달라야 한다.
⑤ 자신의 가치관과 공부의 목적은 서로 맞아야 한다.

3. 나에게 소중한 것 선택하기

행복한 가정	정직과 성실	존경받는 사람	원하는 것을 할 수 있는 자유
천재적인 머리	큰 꿈과 희망	남을 생각하는 마음	경건하고 굳건한 종교적 신앙
영원한 사랑	소중한 친구의 우정	멋지고 근사한 외모	평생 쓸 수 있는 재산
질병 없이 오래 사는 것	용기	막강한 권력	

1. 위 표에서 비어 있는 칸에 자신이 소중하다고 생각하는 것 하나를 적어 넣고 그 이유를 말해 보세요.

2. 먼저 버릴 수 있는 것 두 가지를 선택해 ×표시를 하세요.

3. 남아 있는 것 중에서 세 차례에 걸쳐 네 가지씩 버리세요.

1) 첫 번째 네 가지

2) 두 번째 네 가지

3) 세 번째 네 가지

4. 남은 두 가지 중 하나를 선택해 적고 그 이유를 말해 봅시다.

선택 :

이유 :

4. 직업 가치관 알아보기

　　가치관이란 어떤 사람에게 의사결정의 기준이 될 수 있는 생각, 좀 더 어려운 말로 표현하자면 신념과 같은 거예요. 따라서 의사결정 내용에 따라 적용되는 가치관이 다를 수 있지요. 직업을 선택하는 데 기준이 되는 가치관을 '직업 가치관'이라고 합니다.

　　사람들은 자신의 가치관을 실현하려고 노력하기 마련이에요. 직업 생활에서도 자기 가치관의 실현이 가능할 때 열심히 노력하고 만족할 것이기 때문에 자신의 직업 가치관을 이해하고 적합한 직업을 선택하는 것이 매우 중요합니다.

● 다음 표에서 직업 가치관의 유형과 특징을 읽고, 자신이 직업을 선택할 때 가장 중요하게 생각하는 것의 순위를 1부터 11까지 적어 보세요.

직업 가치관 유형	특징	순위
능력 발휘	자신의 능력을 발휘하고 성취감을 얻을 수 있는 일	
다양성	단조롭게 반복하지 않고 다양한 활동을 통하여 변화를 추구하는 일	
보수	돈을 많이 벌 수 있는 일	
안정성	쉽게 해직되지 않고 일생 동안 안정적으로 보장되는 일	
사회적 인정	다른 사람들에게 인정받을 수 있는 일	
지도력 발휘	사람들을 통솔하고 이끌 수 있는 일	
더불어 일함	다른 사람들과 서로 협력하여 할 수 있는 일	
사회 봉사	사람들을 구체적으로 도와주고 어려운 이웃을 돕는 일	
발전성	앞으로 더 발전하고 배울 수 있는 가능성이 있는 일	
창의성	사신이 아이디어를 내 새로운 시도를 할 수 있는 기회가 많은 일	
자율성	윗사람의 명령이나 통제 없이 스스로 일을 계획하고 추진할 수 있는 일	

● 높은 점수가 나온 나의 직업 가치관 유형 세 가지와 그 이유를 적어 보세요.

직업 가치관 유형	특징	순위
능력 발휘	가수, 건축 기술자, 검사, 경영 컨설턴트, 국제 무역가, 디자이너, 작가, 경찰관, 쇼핑호스트, 변호사, 모델, 동시통역사	
다양성	건축 기술자, 경찰관, 공연 기획자, 심리 치료사, 안무가, 미용사, 영화감독, 요리사, 대학교수, 기사, 농업인, 성형외과 의사, 성우, 초등학교 교사	
보수	감정평가사, 공인회계사, 관세사, 외환 딜러, 시스템 엔지니어	
안정성	물리치료사, 교사, 한의사, 의사, 변리사, 손해사정인, 철도기관사	
사회적 인정	법조인, 대학교수, 기자, 아나운서, 항공우주공학자, 작곡가, 연출가	
지도력 발휘	법조인, 경찰관, 운동 감독, 영화감독, 교사, 의사, 지휘자, 안무가	
더불어 일함	간호사, 관광 기획자, 비서, 국제회의 전문가, 스튜어디스, 외교관, 요리사, 의사	
사회 봉사	공무원, 미용사, 운전기사, 사회복지사, 응급구조사, 성직자, 소방관	
발전성	웹 디자이너, 광통신 연구원, 귀금속 세공사, 미생물학자, 기업 분석가	
창의성	게임 기획자, 네일 아티스트, 영화 기획자, 디자이너, 유전공학자, 일러스트레이터, 음악가, 사진사, 만화가, 무용가, 성우, 컴퓨터 프로그래머	
자율성	노무사, 광고 기획자, 교수, 번역가, 파티 플래너, 작가	

● 높은 점수가 나온 나의 직업 가치관 유형 세 가지와 그에 해당하는 직업 가운데 가장 마음에 드는 것 세 가지를 적어 보세요.

5. 나의 가치관 선언문

나의 가치관 선언문

슈퍼스타 __________ 는 __________ 을 가장 중요하게 생각합니다. 나의 직업 가치관 유형은 ① __________ ② __________ ③ __________ 입니다.

나의 직업 가치관 유형에 적합한 직업인 ① __________ ② __________ ③ __________ 에 관심을 갖고 최선을 다합니다.

20 ___ 년 ___ 월 ___ 일

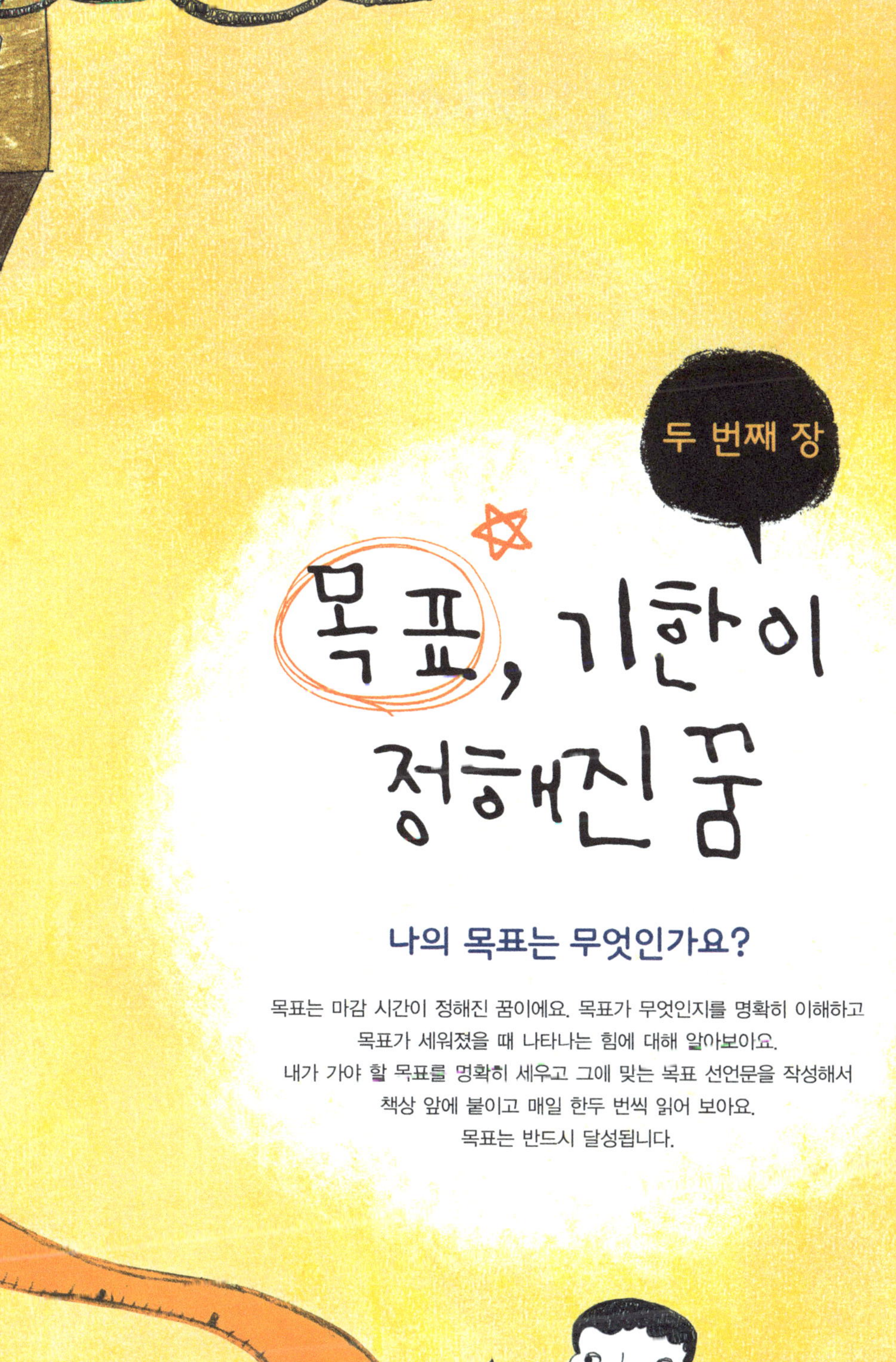

목표, 기한이 정해진 꿈

나의 목표는 무엇인가요?

목표는 마감 시간이 정해진 꿈이에요. 목표가 무엇인지를 명확히 이해하고
목표가 세워졌을 때 나타나는 힘에 대해 알아보아요.
내가 가야 할 목표를 명확히 세우고 그에 맞는 목표 선언문을 작성해서
책상 앞에 붙이고 매일 한두 번씩 읽어 보아요.
목표는 반드시 달성됩니다.

목표란 무엇인가?

| 학습목표 | 1. 목표의 뜻을 압니다.
2. 목표가 중요한 이유를 압니다.
3. 목표를 세워야 하는 이유를 압니다.
4. 목표의 힘을 이해합니다. |

1. 목표란 무엇인가요?

여러분에게는 꿈과 희망이 있나요? 물론 누구나 있을 거예요. 그런데 과연 꿈과 희망을 실현할 수 있을까요? 물론 실현할 수 있어요. 그렇다면 어떻게 해야 할까요? 먼저 목표를 세우세요. 목표는 여러분의 꿈과 희망을 이루기 위한 실행 계획이지요.

그렇다면 꿈과 목표는 무엇이 다를까요? 꿈은 실현되기 전까지 여러분의 정신과 마음속에 있는 거예요. 목표는 꿈처럼 여러분이 원하는 것이지만 꿈보다 구체적이고 뚜렷하며 훨씬 이루기 쉽지요. 실제로 목표는 꿈을 실현하는 디딤돌과 같습니다.

1. 꿈과 희망을 실현하기 위해서는 어떻게 해야 할까요?

2. 목표란 무엇인가요?

3. 꿈과 목표는 어떤 점이 다른가요?

성공한 사람들은 성공 비결을 말할 때 '분명한 목표'를 세웠기 때문이라고 말합니다. 목표는 가장 중요하고 기본적인 것이기 때문에 목표를 세우는 데 충분히 시간을 투자할 가치가 있습니다. 목표가 없다면 시간 관리도 의미가 없기 때문이지요.

목표는 매우 중요합니다. 그런데 사람들은 목표의 중요성을 지나쳐 버리는 경우가 많아요. 목표를 가지고 있으면 어떤 점이 좋을까요? 우선 목표는 모든 일의 시작입니다. 시작이 잘되어야 좋은 끝을 기대할 수 있는 것입니다.

또한 목표는 시간과 물질, 노력에 새로운 의미와 가치를 부여하지요. 목표를 정하지 않은 상태에서는 시간과 물질, 노력을 낭비할 가능성이 많아요.

마지막으로 목표를 정하면 방향이 정해지므로 방황하거나 혼란스럽지 않습니다. 또한 스트레스와 미래에 대한 걱정도 줄여 주지요. 그리고 중단하지 않고 끈기 있고 일관되게 나가게 합니다. 따라서 여러분은 다른 사람이 세워 준 목표가 아니라 스스로 세운 목표를 가져야 하는 것입니다.

1. 성공한 사람들의 성공 비결은 무엇이었나요?

2. 목표가 중요한 첫 번째 이유는 무엇인가요?

3. 목표가 중요한 두 번째 이유는 무엇인가요?

4. 목표가 중요한 세 번째 이유는 무엇인가요?

목표는 마감 시간이 정해진 꿈이라고 했습니다. 이제 목표를 가져야 하는 많은 이유 가운데 가장 중요한 세 가지를 확인해 봅니다.

첫째, 목표는 자신이 원하는 사람이 되는 데 도움을 줍니다. 여러분은 어떤 꿈이든 꿀 수 있어요. 하지만 스스로 꿈을 좇아 행동하지 않는다면 어떻게 그 꿈을 이룰 수 있을까요? 여러분이 목표를 세우고 그 목표에 도달하는 방법을 안다면, 자신이 원하는 미래를 향해 한 발자국씩 나가는 방법을 계획하세요.

둘째, 목표는 여러분의 자신감을 높여 줍니다. 목표를 세우고 그 목표에 도달하면, 여러분은 자신과 다른 사람들에게 목표를 세우고 달성하는 방법을 증명하는 거예요. 목표는 여러분을 강하게 만들 뿐만 아니라 자신감을 얻게 도와줍니다.

셋째, 목표는 불가능을 가능으로 바꿀 수 있게 도와줍니다. 언뜻 보기에 불가능한 꿈들도 목표를 세워서 좀 더 작고 다루기 쉬우며 실천 가능한 단계로 나누어서 하면 충분히 달성할 수 있어요. 여러분은 '미래의' 꿈을 실제로 이루게 될 것입니다.

1. 목표를 세워야 하는 첫 번째 이유는 무엇입니까?

2. 목표를 세워 꿈을 이룬 사람들에 대해 적어 봅시다.

3. 목표를 세워야 하는 두 번째 이유는 무엇입니까?

4. 목표를 세워야 하는 세 번째 이유는 무엇입니까?

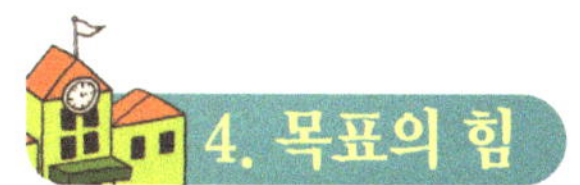

　목표의 힘은 상상할 수 없을 만큼 대단합니다. 목표는 우리로 하여금 재능과 시간과 노력을 한곳에 집중하게 합니다. 아무리 능력이 많고 지혜가 뛰어난 사람이라도 목표를 설정하지 않으면 대부분의 힘을 분산시키게 되지요. 다음의 연구 결과를 통해 목표의 힘을 알아보기로 해요.

　미국의 예일대는 1953년부터 25년간 성적, 학력, 가정환경이 비슷한 대학원 졸업생들을 대상으로 목표 설정이 인생에 미치는 영향에 대해 추적 조사를 실시해 다음과 같은 결과를 얻었습니다.

- 27% : 목표가 전혀 없다.
- 60% : 뚜렷한 목표가 없다.
- 10% : 비교적 뚜렷한 목표가 있다.
- 3% : 미래에 대한 확실한 목표가 있으며 글로 적어 두었다.

　조사 결과 확실한 목표를 가지고 열심히 노력한 3%의 학생들은 사회 각 분야에서 크게 성공했고, 그들의 수입은 나머지 97%의 수입을 더한 것보다 많았지요. 반대로 목표가 없었던 27%의 학생들은 사회의 최하층으로 살거나 실업자가 되어 정부 보조금으로 생활하고 있었다고 합니다.

1. 미국의 어느 대학에서 추적 조사를 했나요?

2. 추적 조사는 누구를 대상으로 했나요?

3. 추적 조사 결과 목표를 가지고 열심히 노력한 3%의 학생들은 25년 후 어떻게 되었나요?

4. 추적 조사 결과 목표가 없었던 27%의 학생들은 25년 후 어떻게 되었나요?

2 목표를 세우는 방법

1. 실천 가능한 목표를 세우는 방법을 이해합니다.
2. 좋은 목표의 조건을 이해합니다.

1. 효과적인 목표를 세우는 방법 : PPP

여러분은 대부분 자신의 목표를 가지고 있습니다. 그런데 목표가 세워져 있다고 해도 실천할 수 없다면 무슨 소용이 있겠어요? 그러므로 목표를 세울 때 무엇보다 중요한 것은 실천 가능해야 한다는 거예요. 패트리어트 미사일이 설정된 목표물을 끝까지 추적해 파괴하듯이 자신의 목표를 끝까지 추적해서 이루기 위해 PPP 원칙을 배워 보기로 해요.

1) Positive – 긍정문으로 작성합니다

"수업 시간에 떠들지 않겠다", "늦잠을 자지 않겠다", "숙제를 미루지 않겠다"와 같은 부정문은 목표의 실천 가능성을 떨어뜨립니다. 우리의 잠재의식은 부정적인 명령을 처리하지 못하기 때문입니다. 그러므로 자신의 목표를 부정적으로 말하지 않고 그 목표에 대해 좋은 느낌을 갖도록 긍정적으로 표현하는 것이 효과적입니다.

• 다음의 목표를 긍정적으로 표현해 보세요.

1. "수업시간에 떠들지 않겠다"

2. "늦잠을 자지 않겠다"

3. "살을 빼겠다"

2) Present – 현재 시제로 작성합니다

　잠재의식은 현재 시제로 쓰고 긍정문으로 작성될 때 더욱 효과적으로 작동됩니다. "수업시간에 떠들지 않겠다"보다는 "수업시간에 조용히 집중한다", "늦잠자지 않겠다"보다는 "아침에 일찍 일어난다", "숙제를 미루지 않겠다"보다는 "숙제는 그날그날 마친다"와 같이 미래 시제나 맹세형보다는 현재 시제로 표현하는 깃이 효과적입니다.

• 다음의 목표를 현재 시제로 표현해 보세요.

1. "중간고사에서 국어 100점을 받겠다"

2. "하루에 영어 단어를 20개씩 외울 것이다"

3) Personal – 주어를 1인칭으로 작성합니다

　앞으로 목표를 설정할 때는 반드시 "나는~"이나 "나 ○○○는~"이라는 말로 시작해 나머지 문장을 긍정적인 현재 시제로 작성하는 깃이 가장 좋은 방법입니다

　"나는~"이나 "나 ○○○는~"이라는 말로 시작되는 명령을 받으며 인간의 잠재의식은 마치 생산 주문을 받은 공장처럼 즉시 활동을 시작해 목표를 실현시킵니다.

• 다음의 목표를 "나는~"으로 시작하여 긍정적인 현재 시제로 표현해 보세요.

1. "내 목표는 숙제를 미루지 않는 것이다"

2. "한 달 내로 몸무게 10Kg을 뺄 것이다"

2. 좋은 목표의 조건 : S · M · A · R · T 원칙

목표를 더욱 효과적으로 실천할 수 있도록 설정하는 방법 가운데 스마트(smart) 목표 설정법이 있습니다. S · M · A · R · T는 Specific(구체적인)의 S, Measurable(측정 가능한)의 M, Active(현실적인)의 A, Reachable(도달 가능한)의 R, Time-limited(시간제한이 있는)의 T로 만든 두문자어(각 단어의 첫 글자를 따서 만든 약어)입니다.

1) Specific – 목표는 구체적이어야 합니다

목표가 모호하거나 혼란스러우면 따르기가 어렵습니다. 좋은 목표는 이해하기 쉽고 구체적이어야 합니다. "영어 공부를 열심히 한다"에서 '열심히'는 구체적이지 않습니다. 이것을 구체적으로 하려면 "하루에 영어 공부를 2시간씩 한다"나 "새로운 영어 단어를 10개씩 외운다"와 같이 목표가 이해하기 쉬워야 합니다.

• 다음의 목표를 구체적으로 바꿔 보세요.

1. "더 많은 여유 시간을 가진다"

2. "공부를 잘하고 싶다"

3. "저녁을 먹고 운동을 한다"

2) Measurable – 목표는 측정할 수 있어야 합니다

측정 가능한 목표는 자신이 이루려 하는 것을 정확히 한정하는 것입니다. 자신의 목표를 측정 가능한 것으로 하려면 자신이 원하는 성과가 구체적이어야 합니다. 이를테면 현재 몸무게가 60Kg인 학생은 "나는 살을 뺀다"는 목표를 세우기보다는 "나는 3개월 후 50Kg으로 날씬한 몸매를 유지한다"와 같이 측정할 수 있어야 합니다.

• 다음의 목표를 측정이 가능하도록 바꿔 보세요.

1. "책을 많이 읽는다"

2. "저축을 많이 한다"

---

3) Active – 목표는 현실적이어야 합니다

　　현실적인 목표를 보면 여러분이 구체적으로 어떤 행동을 취하는지 알 수 있습니다. 현실적인 목표에는 목표를 향해 계속 전진하라는 의미의 구체적인 행동 요령의 표현이나 동사가 포함되어 있습니다.

• 다음의 목표를 현실적으로 바꿔 보세요.

1. "훌륭한 화가가 된다"

---

2. "부모님께 효도한다"

---

4) Reachable – 목표는 도달할 수 있어야 합니다

　　도달할 수 있는 목표는 여러분의 능력 범위 안에 있다고 느끼는 것입니다. 자신의 목표가 도달할 수 있는 것인지 확인하려면 스스로에게 "내가 이 목표를 성취할 수 있는가? 내게 현실적인 목표인가?" 하고 물어보세요. 목표가 도달할 수 없는 것으로 생각된다면 스스로에게 동기를 부여하는 데 실패할 수도 있습니다.

• 다음의 목표를 도달 가능하도록 바꿔 보세요.

1. "영원히 걱정하지 않고 즐겁게 산다"

2. "내일 당장 어른이 되고 싶다"

5) Time-limited – 목표는 시간제한이 있어야 합니다

기간이 정해진 목표에는 "내가 그 목표를 이뤘다"고 말할 수 있는 분명한 날짜가 있습니다. 이러한 기한은 목표에 대한 지향점이 됩니다. 학교 숙제를 언제까지 제출하라고 기한이 정해져 있으면 기한이 다가올수록 숙제를 하려고 노력하듯이 목표에 분명히 기한을 정해 두면 목표가 훨씬 달성하기 쉬워집니다.

• 다음의 목표를 기간이 정해지도록 바꿔 보세요.

1. "전교 1등을 한다"

2. "컴퓨터 활용 자격증을 취득한다"

3 다양한 목표를 세워요

| 학습목표 | 1. 다양한 영역의 목표를 세울 수 있습니다.

1. 다양한 영역의 나의 목표 세우기

성공한 삶을 살고 싶다면 균형 잡인 목표를 가지는 것이 중요합니다. 여러분은 학생이므로 공부에 관한 목표들은 많은 반면 다른 영역의 목표는 거의 없는 경우가 많습니다. 다음에 제시된 다양한 영역의 목표를 세워 훌륭한 인격을 갖춘 세계적 인재가 되어 보아요.

• 다음의 각 항목에 해당하는 목표를 세워 봅시다.

1. 학습

- 나는 이번 학기에 영어 성적을 10점 올린다.
- 나는 하루에 책을 30페이지씩 읽는다.
- 나는 이번 학기에 영어 성적을 10점 올린다.

①

②

③

④

⑤

⑥
⑦
⑧
⑨
⑩

2. 가족

- 나는 매달 첫 번째 일요일에 할머니께 전화드린다.
- 나는 수요일 오후에는 형과 농구를 한다.
- 나는 매주 일요일 오후에 아버지의 구두를 닦는다.

①
②
③
④
⑤
⑥
⑦
⑧
⑨
⑩

3. 학교

- 나는 선생님들과 마주칠 때마다 큰 소리로 인사한다.
- 나는 매일 아침 7시 50분까지 등교한다.
- 나는 아침 자율학습 시간에 수학 문제를 10문제씩 푼다.

①

②

③

④

⑤

⑥

⑦

⑧

⑨

⑩

4. 건강

- 나는 매일 만 보 이상 걷는다.
- 나는 매주 일요일 오후 배트민턴을 친다.
- 나는 매일 저녁 식사 후 30분씩 산책을 한다.

①

②

③

④

⑤

⑥

⑦

⑧

⑨

⑩

5. 취미

- 나는 매월 두 번 가족과 함께 영화를 본다.
- 나는 세계의 다양한 우표를 모은다.
- 나는 나와 취미가 같은 사람들과 동우회 활동을 한다.

①

②

③

④

⑤

⑥

⑦

⑧

⑨

⑩

기간에 맞는 목표를 세워요

| 학습목표 | 1. 장기·중기·단기 목표를 세울 수 있습니다.

1. 나의 단계별 목표 세우기

• 다음의 각 항목에 해당하는 목표를 세워 보세요.

1. 1년 후의 목표 세 가지

①

②

③

2. 5년 후의 목표 세 가지

①

②

③

3. 10년 후의 목표 세 가지

①

②

③

목표 선언문

슈퍼스타 _______________ 는 오늘 세운 목표가

반드시 이루어질 것을 확신합니다.

①
----

②
----

③
----

④
----

⑤
----

⑥
----

⑦
----

⑧
----

⑨
----

⑩

_____ 년 _____ 월 _____ 일

_______________ 에서 _______________ (서명)

증인 _______________ (서명)

목표를 달성하자

1. 세워진 목표를 이루는 방법을 이해합니다.
2. 목표 달성을 통한 자신감을 느껴 봅니다.

 **1. 목표 실행 계획 세우기**

아무리 좋은 목표라도 실천하지 않으면 그림의 떡과 같습니다. "구슬이 서 말이라도 꿰어야 보배"라는 속담이 있듯이 좋은 계획을 실천해야 성공할 수 있지요. 그러므로 좋은 목표를 세웠다면 목표 달성을 위해 실행 계획을 확실히 짜야 해요.

목표 실행 계획을 짜려면 어떻게 해야 할까요? 먼저 계획은 실행 가능한 계획만 세우고 무리한 계획은 세우지 않는 것이 좋아요. 자기 능력으로 할 수 없는 어려운 일이나 너무 많은 일을 계획하면 결국 실패의 원인이 됩니다.

'어떻게 하면 목표를 달성할 수 있을까' 라는 질문을 스스로에게 던져 보세요. 그리고 생각나는 대로 적어 보세요. 적어 놓은 내용을 잘 검토한 뒤, 쉽고 간단하며 빨리 달성할 수 있는 순으로 순서를 정하고 당장 실행하는 것이 좋아요. 목표가 하나씩 달성되면 성공에 대한 성취감을 느끼게 되며 자신감이 점점 높아져 계속 노력하게 됩니다.

1. 목표를 세운 다음에는 무엇을 해야 하나요?

2. "구슬이 서 말이라도 꿰어야 보배"라는 속담에는 어떤 의미가 담겨져
   있나요?

3. 목표를 실행하기 위한 계획을 세우기 위해 생각나는 것을 어떻게 해야
   하나요?

4. 실행 계획은 어떤 순서로 실천하는 것이 좋을까요?

● 목표를 행동으로 옮기는 다음의 예를 참고하여 자신의 목표 실행 계획을 세워 봅시다.

예) 나의 목표 : 나는 2학기 중간고사에서 영어 성적을 10점 올린다.

실천 방법 : 1. 매일 아침 자율학습 시간에 영어 교과서에 나오는 영어 단어를 10개씩 외운다.

2. 영어 단어를 외울 때는 전날에 외운 것을 한 번 더 확인한다.

3. 매일 점심시간에 영어 교과서에 나오는 문장을 두 문장씩 외운다.

4. 1주일 동안 외운 단어와 문장을 엄마와 함께 점검한다.

나의 목표 선언문 달성 계획 세우기

"천리 길도 한 걸음부터"

1

나의 계획

실천 방법

1

2

3

4

2

나의 계획

실천 방법

1

2

3

4

3

나의 계획

실천 방법

1

2

3

4

4

나의 계획

실천 방법

1

2

3

4

5

나의 계획

실천 방법

1

2

3

4

3. 목표가 이루어졌어요

　여러분은 목표 실행 계획을 세우고 하나씩 실천하고 있습니다. 여러분이 세운 목표 가운데 가장 중요한 목표는 무엇인가요? 그 목표를 진심으로 이루고 싶다면 앞으로의 상황을 지금 마음속으로 그려 보세요. 마음속에 떠오른 장면에 모든 정신과 능력이 집중될 거예요. 이처럼 목표 달성 장면을 그려 보는 것은 잠재능력을 최대한 발휘해서 목표를 하루빨리 달성하고자 하기 위한 거예요.

　목표가 달성된 장면을 구체적으로 여러 번 그려 볼수록 어려움을 극복할 수 있는 자신감이 커집니다. 목표 달성 장면 그리기는 하루에 두 번, 아침에 잠자리에서 일어났을 때와 밤에 잠들 때 하는 것이 효과적입니다.

1. 여러분이 간절히 원하는 목표는 무엇인가요?

2. 두 눈을 감습니다. 여러분이 간절히 원하는 목표가 이루어졌습니다. 3분
   간 목표가 달성된 기쁨을 느껴 보세요. 그런 다음 눈을 뜨고 여러분이 느
   낀 성취감을 적어 보세요.

11
2
8
7

시간을 경영하라

시간을 관리할 수 있는 능력이 있나요?

지나간 시간을 점검해 보고 헛되이 보내는 자투리 시간을 소중한 시간으로 만들어야 합니다. 나에게 소중한 것들을 먼저 처리할 수 있는 능력과 학창 시절에 필요한 자기주도적 학습을 위한 시간 활용 계획을 세우는 힘을 길러야 합니다. 이제 시간의 노예로 살기보다는 시간을 현명히게 경영하는 시간의 주인이 되어야 할 때입니다.

1 시간이란 무엇인가?

1. 시간의 뜻을 압니다.
2. 시간의 특성을 압니다.
3. 시간의 가치를 압니다.
4. 시간에 대한 명언을 이해합니다.

1. 시간이란 무엇인가요?

시간이란 무엇일까요? 사전에 나온 시간의 정의를 살펴보면 '시각과 시각 사이의 간격 또는 그 단위'를 가리키는 용어입니다. 그런데 백과사전을 찾아 자세히 읽어 보아도 정확히 이해하기가 쉽지 않아요. 여러분만 이해하기 어려운 것이 아닌가 봅니다. 여러 학자들도 다양한 말로 시간을 표현하고 있어요.

어느 철학자는 "시간은 존재하지 않는다. 만약 존재한다면 그것은 순간일 뿐이다"라고 했습니다. 또한 유명한 신학자인 아우구스티누스는 "아무도 나에게 시간에 대해 묻지 않는다면 나는 그것을 알고 있다. 그러나 시간이 무엇이냐고 묻는다면 나는 설명할 수 없다"고 말하기도 했습니다. 종교인들은 '매일처럼 주시는 감사의 선물'이라 하고, 경영학자는 '중요한 경제적 자원'이라고 합니다. 우리에게는 시간이 무엇인지 토의해 봅시다.

1. 여러분이 생각하는 시간이란 무엇인지 적어 보고 토론해 보아요.

2. 시간의 사전적 의미는 무엇인가요?

시간은 정의하기가 매우 어렵지만, 우리는 시간의 특성의 잘 알기 위해 노력해야 해요. 왜냐하면 시간의 특성을 잘 파악할수록 시간 관리를 잘할 수 있기 때문이지요. 누구에게나 하루 24시간이 주어집니다. 하지만 우리에게 시간은 바로 현재를 의미합니다. 그렇다면 시간은 어떤 특성이 있을까요?

첫째, 시간은 귀중합니다. 시간이 귀중하다는 사실을 부인할 사람은 없을 거예요. 그래서 "시간은 돈이다(Time is money)"라고 하기도 합니다. 또 "시간은 황금이다(Time is gold)"라는 말도 있고, "시간은 생명이다(Time is life)"라는 말도 있어요. 미국의 전 대통령 빌 클린턴(Bill Clinton)은 퇴임 후 중국에서 20분간 강연한 대가로 2억 원의 강의료를 받았다고 해요. 그러니 시간은 그 자체가 돈입니다.

둘째, 시간은 제한된 자원이며 누구에게나 동일하게 주어집니다. 시간은 하루 24시간으로 제한되어 있어요. 시간이야말로 모두에게 평등하게 주어진 재산입니다. 천재와 바보, 부자와 거지 등 어느 누구에게나 단 1초라도 더 주어지지 않습니다. 하지만 똑같이 주어진 시간을 어떻게 활용하느냐에 따라 엄청난 가치의 차이가 나타나지요. 시간을 가치 있게 하느냐 마느냐를 결정하는 사람은 바로 여러분 자신입니다.

셋째, 시간은 계속 흘러갑니다. 시간은 강물처럼 끊임없이 흘러갑니다. 시간이 흐르는 속도는 일정하지만 우리가 몸으로 느끼는 속도는 다를 수 있습니다. 재미있는 게임에 몰두할 때는 화살을 쏜 듯 시간이 빨리 흘러간다고 느껴지지요. 반면 지루한 일이나 괴로운 일을 할 때는 시간이 매우 느리게 흐르는 것처럼 느낍니다. 일정한 속도로 흐르는 시간을 빠르게 또는 느리게 간다고 느끼는 것은 바로 여러분 자신입니다.

이외에도 시간은 많은 특성이 있어요. 시간은 한 번 지나가면 돌아오지 않습니다. 그렇기 때문에 시간을 관리하고 활용이는 방식이 여러분의 인생을 결정하게 되지요. 시간을 효율적으로 관리하고 활용해서 성적을 올리고 기술을 익혀 아름다운 미래를 만들어야 합니다.

1. 여러분이 생각하는 시간의 특성은 무엇인지 적어 보고 토론해 보아요.

2. 여러분에게 하루 몇 시간이 주어지나요 ?

3. 지금까지 살아오면서 시간을 가장 소중하게 느꼈던 때는 언제인지 적어
   보세요.

3. 시간의 가치는 얼마일까요?

사람들은 "시간은 돈이다", "시간은 금이다" 하고 말합니다. 그렇다면 실제로 시간을 돈으로 환산할 수 있을까요? 어떤 사람이 다음과 같은 말을 했습니다.

> 1년의 가치를 깨닫고 싶으면 낙제한 학생에게 물어보세요.
> 한 달의 가치를 깨닫고 싶으면 조산아를 출산한 어머니에게 물어보세요.
> 한 주일의 가치를 깨닫고 싶으면 주간지의 편집인에게 물어보세요.
> 한 시간의 가치를 깨닫고 싶으면 만남을 기다리고 있는 연인에게 물어보세요.
> 1분의 가치를 깨닫고 싶으면 기차를 막 놓친 여행객에게 물어보세요.
> 1초의 가치를 깨닫고 싶으면 크게 교통사고를 낼 뻔한 운전자에게 물어보세요.
> 1000분의 1초의 가치를 깨닫고 싶으면 올림픽에서 은메달을 딴 100미터 경주
> 선수에게 물어보세요.

평생을 시계만 조립하며 살아온 시계공이 어느 날 아들에게 시계를 만들어 주었습니다. 시침은 동으로, 분침은 은으로, 초침은 금으로 만들어진 시계를 보고 아들이 아버지에게 말합니다.

"아버지, 이건 좀 잘못된 것 같은데요? 시침은 금으로, 분침은 은으로, 초침은 동으로 만드셔야 하는 게 아닌가요?"

그러자 아버지는 이렇게 대답합니다.

"얘야, 그것은 잘못된 게 아니란다. 초를 아끼지 않는 사람은 분을 아끼지 못하고, 분의 소중함을 모르는 사람은 결국 시간도 아끼지 못한다. 초의 중요성을 늘 명심하라는 뜻에서 초침을 금으로 만든 것이란다."

매일 아침 모든 사람에게 86,400달러를 예금해 준다고 가정해 보십시다. 그런데 그 예금은 그날 쓰지 않으면 하루가 끝나는 동시에 없어져 버린다고 합시다. 그렇다면 모든 사람이 한 푼 한 푼 귀하게 쓰려고 할 것입니다. 사실 우리는 매일 아침 86,400초의 시간을 얻게 됩니다. 이 귀중한 시간을 쓰든 안 쓰든 하루가 끝나는 동시에 사라져 버립니다. 그러므로 하루에 주어진 시간을 얼마나 보람 있게 사용하느냐에 따라 인생을 보람 있게 살 것인지 여부가 결정된다고 할 수 있습니다. 여러분이 바로 시간은행 계좌의 주인입니다.

1. 여러분이 느끼는 시간의 가치를 적어 보아요.

1초의 가치 :

1분의 가치 :

1시간의 가치 :

1일의 가치 :

1개월의 가치 :

1년의 가치 :

2. 시간은행 계좌의 주인으로서 여러분에게 주어진 시간을 어떻게 사용할지 적어 보아요.

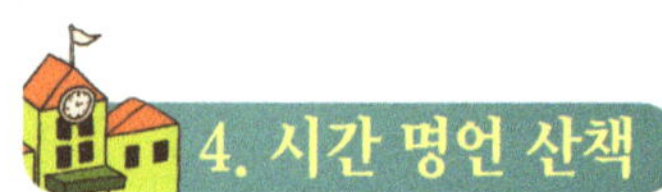

다음은 시간에 관한 명언들이에요. 명언의 의미를 새겨보고 여러분의 인생에 지표가 될 수 있는 말을 선택해 보세요.

- ☐ 짧은 인생은 시간 낭비에 의해 더욱 짧아진다. – S. 존슨
- ☐ 일은 그것이 쓰일 수 있는 시간이 있는 만큼 팽창한다. – 파킨스
- ☐ 오늘 할 수 있는 일에만 전력을 쏟으라. – 뉴턴
- ☐ 나는 장래의 일을 절대로 생각하지 않는다. 그것은 틀림없이 곧 오게 될 테니까. – 아인슈타인
- ☐ 오늘이라는 날은 두 번 다시 오지 않는다는 것을 잊지 말라. – 단테
- ☐ 계획이란 미래에 관한 현재의 결정이다. – 드러커
- ☐ 시간은 말로 나타낼 수 없을 만큼 멋진 만물의 소재이다. – 아놀드 버넷
- ☐ 시간을 선택하는 것은 시간을 절약하는 것이다. – 베이컨
- ☐ 가장 바쁜 사람이 가장 많은 시간을 갖는다. – 알렉산드리아 피네
- ☐ 그대의 하루하루를 그대의 마지막 날이라고 생각하라. – 호라티우스
- ☐ 변명 중에서도 가장 어리석고 못난 변명은 시간이 없어서라는 변명이다. – 에디슨
- ☐ 선천적으로 현명한 사람은 없다. 시간이 모든 것을 완성한다. – 세르반테스
- ☐ 승자는 시간을 관리하며 살고, 패자는 시간에 끌려 산다. – J. 하비스
- ☐ 시간에 대한 충실, 그것이 행복이다. – 에머슨
- ☐ 시간을 얻는 사람은 만사를 얻는다. – 디즈레일리
- ☐ 시간을 지배할 줄 아는 사람은 인생을 지배할 줄 아는 사람이다. – 에센바흐
- ☐ 오늘 할 수 있는 일을 내일까지 미루지 말라. – 체스터필드
- ☐ 전력을 다해 시간에 대항하라. – 톨스토이

2. 시간을 경영하라

| 학습목표 |
1. 시간 관리의 필요성을 이해합니다.
2. 자신의 시간관리 능력을 알아봅니다.
3. 자신의 시간을 분석해 봅니다.
4. 자신의 시간 활용 계획을 세워 봅니다.

1. 시간 관리는 왜 필요한가요?

　누구에게나 똑같이 하루 24시간이 주어지지만 모든 사람이 똑같이 살지는 않아요. 자신에게 주어진 시간을 십분 백분 활용할 줄 아는 똑똑한 시간 관리자만이 성공의 길로 들어설 수 있어요. 시간 관리란 우리에게 똑같이 주어진 시간을 활용하는 것을 말합니다.

　그렇다면 왜 시간을 관리해야 할까요? 그것은 우리가 더 많은 일을 처리하고, 더 많은 책을 읽고, 더 많은 휴식 시간을 갖고, 더 좋은 결과를 얻기 위해서입니다. 사실 흘러가는 시간은 관리할 수 없어요. 시간의 흐름은 누구도 막을 수 없기 때문이지요. 진정한 의미의 시간 관리는 넓은 의미에서는 자신에게 주어진 일생을 생산적으로 활용해 효과적으로 살기 위한 수단이라고 할 수 있어요. 그리고 좁은 의미에서는 시간을 잘 활용해 구체적인 목표를 달성하는 행동이라고 할 수 있습니다.

1. 무엇을 위해 시간을 관리해야 합니까?

2. 오늘 하루 여러분의 일과를 기록해 보세요.

● 다음은 여러분의 시간 관리 능력을 점검하는 문항입니다. 다음 25개 문항에 대해 예, 아니요를 표시해 보세요.

시간 관리 능력 체크 리스트

번호	문항	예	아니요
1	나는 스스로 시간표를 짜서 시간을 관리한다.		
2	나는 항상 새로운 방식으로 일하려고 노력한다.		
3	나는 새로운 상황이 생기면 당황한다.		
4	나는 스스로 모든 일을 처리하지 않으면 기분이 내키지 않는다.		
5	나는 필요한 것보다 더 많은 정보를 모으는 일이 좋다.		
6	나는 친구와의 대화를 자연스럽게 진행한다.		
7	나는 닥치는 대로 책을 읽는다.		
8	나는 일어나는 시간, 밥 먹는 시간, 자는 시간이 불규칙하다.		
9	나는 등하교 시간, 이동 시간, 여행 시간을 잘 활용한다.		
10	나는 자투리 시간을 잘 활용하지 못한다.		
11	나는 모든 활동에 필요한 시간 배분을 잘한다.		
12	나는 공부가 잘되는 시간에 어려운 과목을 공부한다.		
13	나는 매우 건강해서 쉽게 피곤하지 않다.		
14	나는 모든 일이 완벽하게 끝나지 않으면 마음이 불편하다.		
15	과거에 대한 후회나 미래에 대한 걱정을 잊고 지금 해야 할 공부에 최선을 다한다.		
16	열심히 공부하면 성적도 올라간다고 생각한다.		

번호	문항	예	아니요
17	열심히 공부하고 나면 즐겁고 보람 있다.		
18	공부하는 과목에 우선순위를 두지 않고 이 과목 저 과목을 손댄다.		
19	중요한 일을 해낼 수 있는 시간은 항상 있다고 믿는다.		
20	공부해야 할 과목이 모두 중요하다고 생각하기 때문에 어느 과목을 먼저 공부해야 할지 모르는 경우가 많다.		
21	매일, 매주, 매월 계획표에 따라 공부하는 편이다.		
22	매일 계획할 시간과 반성할 시간을 따로 마련한다.		
23	나에게는 학교에서 공부해야 하는 목표가 있다.		
24	나에게는 뚜렷한 꿈과 목표가 있다.		
25	계획을 세워 생활하기보다는 기분대로 산다.		

● 띵똥! 자신의 답이 다음과 얼마나 일치하는지 확인해 보세요.

1	예	2	예	3	아니요	4	아니요	5	아니요
6	예	7	아니요	8	아니요	9	예	10	아니요
11	예	12	예	13	예	14	아니요	15	예
16	아니요	17	예	18	아니요	19	예	20	아니요
21	예	22	예	23	예	24	예	25	아니요

- 위의 답과 일치한 사항이 21~25개 : 시간 관리 능력이 매우 탁월하다.
- 위의 답과 일치한 사항이 16~20개 : 시간 관리 능력이 상당히 훌륭하다.
- 위의 답과 일치한 사항이 11~15개 : 시간 관리 능력이 보통이다.
- 위의 답과 일치한 사항이 6~10개 : 시간 관리 능력을 높여야 한다.
- 위의 답과 일치한 사항이 5개 이하 : 시간 관리 능력을 상당히 높여야 한다.

3. 나의 지나간 시간 점검해 보기

　시간을 관리하는 이유는 자신에게 주어진 시간을 효율적으로 활용해 가장 좋은 효과를 만들어 내기 위해서입니다. 시간을 효율적으로 관리하는 첫 번째 단계는 지금까지 자신이 시간을 어떻게 사용해왔는지를 분석해 보는 거예요. 다음의 시간 점검표를 일주일에 걸쳐 작성해 보세요. 시간 점검표를 작성하는 목적은 시간이 어떻게 쓰이는지 기록해 분석하기 위해서입니다. 관리가 잘되는 부분은 더욱 발전시키고 낭비되는 시간이 파악되면 헛되이 보내는 시간을 줄일 수 있습니다.

• 다음 시간 점검표에 〈잠자기〉〈등교 준비〉〈아침 식사〉〈등교〉〈학교 수업〉〈휴식 시간〉〈점심 식사〉〈하교〉〈자율 학습〉〈복습〉〈저녁 식사〉〈TV 보기〉〈독서〉〈인터넷 검색〉〈게임〉〈학원 수업/과외〉〈인강 듣기〉〈친구 만나기〉〈봉사 활동〉〈집안일 돕기〉〈운동〉〈가족 대화〉〈기타〉 등으로 표시해서 기록하세요.

<예시>

시간	월
오전 06:00	
06:30	
07:00	
07:30	
08:00	
08:30	
09:00	
09:30	
10:00	
10:30	
11:00	
11:30	
오후 12:00	
12:30	
1:00	
1:30	
2:00	
2:30	
3:00	
3:30	
4:00	
4:30	
5:00	
5:30	
6:00	
6:30	
7:00	
7:30	
8:00	
8:30	
9:00	
9:30	
10:00	
10:30	
11:00	
11:30	
12:00	

• 표 예시를 활용, 일주일의 시간을 정검해 보아요.

● 위의 표에 작성된 시간을 항목별로 계산해 보세요.

하는 일	사용한 시간
잠자기	
등교 준비	
아침 식사	
등교	
학교 수업	
휴식 시간	
점심 식사	
하교	
자율학습	
복습	
저녁 식사	
TV 보기	
독서	
인터넷 검색	
게임	
학원 수업/과외	
인강 듣기	
친구 만나기	
봉사 활동	
집안일 돕기	
운동	
가족 대화	
기타	

● 일주일간 자신이 사용한 시간을 분석한 뒤 다음 질문에 답해 봅시다.

1. 어떤 경우에 필요 없이 시간을 보냈습니까?

2. 시간을 줄일 수 있는 일에는 어떤 것이 있습니까?

3. 시간을 늘려야 하는 일에는 어떤 것이 있습니까?

일의 우선순위 정하기

| 학습목표 | 1. 일의 우선순위를 압니다.
2. 일의 우선순위 정하는 방법을 압니다.
3. 우선순위의 ABCD 법칙을 이해합니다.
4. 학생으로서의 우선순위를 압니다.

1. 우선순위란 무엇인가요?

우선순위란 어떤 목표나 일이 다른 것보다 더 중요해서 우선 처리하는 것을 말해요. 그러면 왜 우선순위를 정해야 할까요?

첫째, 여러분 앞에 해야 할 일이 순서도 없이 많이 몰려와 그것들을 교통정리 하듯 정리해야 할 필요성이 있기 때문입니다. 어떤 일들은 매우 한가하게 다가오고 어떤 경우에는 한꺼번에 몰려오기 때문에 조정이 필요해요.

둘째, 여러분의 시간과 힘이 제한되어 있기 때문입니다. 또한 모든 것이 중요하게 보여서 어떤 것을 먼저 처리해야 할지 모르기 때문이지요.

우선순위를 결정하는 능력은 시간 관리에서 가장 중요한 부분일 뿐만 아니라 성공으로 이끄는 필수적 능력이예요. 인간의 운명은 운수에 따라 결정되는 것이 아니라 선택과 결정에 따라 이루어집니다.

1. 우선순위란 무엇입니까?

2. 우선순위를 정해야 하는 두 가지 이유는 무엇입니까?

미국의 어느 작은 시골 학교 수업 시간에 있었던 일이에요. 과학 선생님이 큼지막한 유리병 한 개와 여러 개의 크고 작은 돌, 그리고 모래를 교탁 위에 놓고 수업을 시작했습니다.

"여기 투명한 유리병이 하나 있고, 그 옆에는 큰 돌과 작은 돌 여러 개, 그리고 모래가 있어요. 어떤 것을 먼저 집어넣어야 이 재료가 모두 유리병 안에 들어갈 수 있을까요?"

선생님이 학생들에게 질문을 던졌어요.

"모래를 먼저 집어넣어야 해요. 제가 한번 해 볼게요."

한 학생이 앞으로 나오며 말했습니다. 그 학생은 모래, 작은 돌, 큰 돌 순서로 유리병을 채웠습니다. 그랬더니 마지막에 넣으려던 큰 돌이 모두 들어가지 않고 몇 개가 남았습니다.

선생님이 빙그레 미소를 지으며 다시 한 번 물었습니다.

"잘 안되는구나. 그럼 다른 방법은 없을까?"

이번에는 다른 학생이 앞으로 나와 유리병 안에 있던 것을 모두 꺼내고 큰 돌부터 집어넣기 시작했습니다. 그렇게 큰 돌, 작은 돌, 모래 순서로 집어넣자 재료가 유리병 안에 모두 채워졌습니다.

이 예화는 일을 처리할 때 우선순위가 얼마나 중요한지 보여주고 있어요. 큰 돌은 꿈을 이루기 위해 첫 번째로 해야 힐 중요한 일을 의미하며 작은 돌과 모래는 두 번째, 세 번째로 중요한 일들을 의미합니다. 이 이야기에서 알 수 있듯이 작은 돌과 모래를 먼저 넣고 큰 돌을 마지막에 넣으면 큰 돌은 다 들어가지 않고 몇 개가 남습니다. 일의 우선순위가 바뀌면 이렇듯 처음에 목표했던 결과를 이룰 수 없게 됩니다.

1. 위의 예화에서 큰 돌이 의미하는 것은 무엇일까요?

2. 일의 우선순위가 바뀌면 어떤 결과가 일어날까요?

3. 여러분이 이번 주에 해야 할 일을 다섯 가지 이상 쓰고 우선순위를 정해
   보세요.

3. 시간 분배의 ABCD 원칙

우리가 해야 할 일을 우선순위에 따라 크게 네 가지로 나눈다면 중요한 일, 중요하지 않은 일, 긴급한 일, 긴급하지 않은 일로 나눌 수 있어요. 아이젠하워 장군이 창안한 ABCD 법칙을 적용하면 어떤 일을 먼저 처리할지 결정하는 데 큰 도움이 됩니다.

ABCD 법칙에 따라 일생의 일을 분류하면 다음과 같아요.

A 중요하면서 긴급한 일

예) 시험 준비, 숙제 마감 등

B 중요하지만 긴급하지 않은 일

예) 영어 단어 외우기, 수학 문제 매일 풀기 등

C 긴급하지만 중요하지 않은 일

예) 친구와 영화 보기로 한 약속, 갑작스러운 친구의 방문 등

D 긴급하지도 중요하지도 않은 일

예) TV 시청하기, 인터넷 게임하기 등

　　인생에서 성공하는 사람들의 습관 중 가장 중요한 것이 바로 중요한 일을 먼저 실행하는 습관이에요. A 등급의 일은 누구나 긴급하게 처리합니다. 하지만 일을 긴급하게 처리하다 보면 시간의 노예가 되기 십상입니다. 그러므로 중요한 일들이 긴급하지 않도록 늘 중요한 것을 미리 준비하는 시간 관리 능력을 갖추는 것이 필수입니다. 일을 처리하는 순서는 A〉B〉C〉D여야 하지만 중요한 일이 긴급하지 않도록 하는 지혜가 필요하지요.

1. 여러분이 이번 주에 해야 할 일을 열 가지 이상 써 보세요.

2. 위에 적은 열 가지 일을 ABCD로 구분해 보세요.

A

B

C

D

4. 모든 일의 우선순위 : 공부

  좋아하는 가수의 콘서트 티켓을 사거나 팬 사인회에 참석하기 위해 긴 줄을 마다하지 않고 줄을 서 본 적이 있나요? 또는 월드컵 경기나 야구 경기를 보려고 경기장 문이 열리기 전부터 기다려 본 적이 있나요? 왜 그랬을까요? 바로 그때가 아니면 안 되기 때문입니다.

  공부도 그렇습니다. 여러분은 학생입니다. 그러므로 여러분 앞에 놓인 일들 가운데 우선순위에서 가장 중요하고 긴급한 일은 바로 공부입니다. 공부도 나중에 하면 가수의 콘서트나 팬 사인회처럼 때를 놓치게 되지요. 공부할 시간을 먼저 정하고, 인터넷 서핑이나 TV 시청, 친구와 노는 것은 나머지 시간에 하면 됩니다.

  앞에서 살펴보았듯이 시간은 흘러가면 다시 돌아오지 않아요. 여러분의 부모님들이 자신들이 학생이었을 때는 여러분만큼이나 공부를 싫어했을지라도 여러분에게 공부가 중요하다고 말하는 이유가 여기에 있지요. 학생 시절에 가장 우선순위가 높은 일은 공부이기 때문입니다.

● 여러분의 우선순위를 정하고 여러분의 결심을 적어 보세요.

4 자투리 시간 활용하기

1. 자투리 시간의 뜻을 압니다.
2. 자투리 시간을 활용하는 기본 전략을 압니다.
3. 다른 사람들의 방법을 통해 자투리 시간 활용법을 배웁니다.
4. 자투리 시간에 할 수 있는 일의 목록을 만들 수 있습니다.

1. 자투리 시간이란 무엇인가요?

자투리는 옷을 재단하고 남은 천 조각을 말합니다. 자투리 시간은 활동과 활동 사이에 예기치 않게 생기는 비교적 짧은 시간을 말합니다. 자투리 시간을 짬, 틈 , 조각 시간, 도막 시간, 보너스 시간, 뜻밖의 기회, 적은 시간, 대기 시간이리고도 합니다.

자투리 시산은 의도적으로 계획해서 만드는 시긴이 아니라 생활을 하는 도중에 자연히 생기는 시간입니다. 등교하기 위해 버스를 기다리는 시간이나 친구를 기다리는 시간 등과 같이 일이 예상보다 빨리 진행되거나 갑자기 취소되거나 누구를 기다릴 때 자투리 시간이 종종 생깁니다.

하루를 주의 깊게 살펴보면 여러 곳에서 자투리 시간이 발생한다는 것을 알게 됩니다. 자투리 시간은 예기치 않게 발생할 뿐 아니라 길이도 일정하지 않기 때문에 상황에 따라 자투리 시간을 활용하는 습관을 가지는 것이 중요합니다.

1. 자투리란 무엇인가요?

2. 자투리 시간은 무엇인가요?

3. 자투리 시간과 바꿔 사용할 수 있는 말들을 찾아서 적어 보세요.

2. 자투리 시간을 활용하라

"티끌 모아 태산"이라는 속담이 있어요. 티끌이란 눈에 보일 듯 말 듯한 먼지를 말합니다. 그러한 티끌도 모으면 큰 산을 이룰 수 있다는 것입니다. 여러분에게 순간순간 생기는 자투리 시간을 모으면 한 시간, 일주일, 한 달이 될 수도 있습니다. 그런 자투리 시간을 활용하려면 다음과 같이 기본 전략을 세워야 합니다.

첫째는 '모든 시간은 가치가 있다. 버릴 시간은 하나도 없다'는 생각을 가지는 것입니다. 긴 시간이든 짧은 시간이든 시간은 모두 중요합니다. 긴 시간이 금 덩어리라면 짧은 시간은 금싸라기라고 할 수 있습니다.

둘째는 "티끌 모아 태산"이라는 속담대로 작은 것이 쌓이고 쌓이면 큰 것을 이룬다는 사실을 명심해야 합니다. "천리 길도 한 걸음부터"라는 속담처럼 작은 것을 결코 우습게 여겨서는 안 됩니다. 만일 15분의 자투리 시간을 계속 활용한다면 1년이면 20여 권의 책을 읽을 수 있고, 1권의 책을 쓸 수도 있습니다. 또 3년을 계속하면 전문가가 될 수 있어요. 그리고 50년을 계속하면 책 1천 권을 읽을 수 있는데, 이것은 대학을 다섯 번 다닌 것과 비슷한 학습량입니다.

셋째는 모든 일에 목적의식을 가져야 합니다. 시간이 나면 할 일들을 미리 적어 놓는 것이 좋아요. 이런 목적의식이 없으면 자투리 시간이 생겨도 그때의 기분에 따라 시간을 흘려버리기 쉽습니다.

1. 긴 시간이 금 덩어리라면 짧은 시간은 무엇일까요?

2. 하루 15분의 자투리 시간을 활용해 책을 읽는다면 50년 후에는 몇 권의 책을 읽을 수 있을까요?

3. 목적의식을 가지고 자투리 시간을 활용하려면 어떻게 하는 것이 좋을까요?

3. 자투리 시간을 활용한 사람들

사람들은 자투리 시간을 어떻게 활용할까요? 다른 사람들의 사례를 통해 자투리 시간을 활용하는 지혜를 알아봅시다.

작곡가 요한 슈트라우스는 비엔나 음식점에서 식사를 기다리는 동안 메뉴판 뒤에 그의 유명한 왈츠곡을 썼습니다. 이렇게 해서 〈푸른 도나우〉라는 왈츠곡을 비롯해 수많은 왈츠곡이 탄생할 수 있었습니다. 미국의 스토 부인은 우둔한 남편과 여러 자녀들을 돌보며 틈틈이 책을 썼습니다. 그녀는 부엌에서 입에 연필을 물고 빵을 구우며 소설을 썼는데, 이렇게 쓴 소설이 바로 《엉클 톰스 캐빈》입니다.

미국의 엘리노어 루스벨트 여사는 수양회, 인터뷰, 약속 시간 전후의 짧은 시간을 이용해 수많은 신문 칼럼을 썼습니다. 그녀는 종이를 가지고 다니면서 시간이 나는 대로 편지를 쓰기도 했습니다. 미국 16대 대통령 링컨은 기차를 타고 가면서 봉투 뒷면에 평소의 습관대로 메모를 해서 그 유명한 게티스버그 연설문을 작성했습니다.

민사고를 졸업하고 하버드 대학에 입학한 박원희 양의 책 《공부 9단 오기 10단》에 보면 자투리 시간을 활용한 예가 나옵니다. 박원희 양은 체육 수행 평가를 준비하기 위해 가방 안에 늘 줄넘기를 가지고 다녔습니다. 학교 앞에서 학원차를 기다리는 자투리 시간 10분을 활용해 가위뛰기나 이단뛰기를 연습했다고 합니다. 지나가는 사람들이 이상한 눈으로 바라보았지만 개의치 않고 연습한 결과 나날이 실력이 늘어가는 것을 느꼈다고 합니다.

● 여러분은 자투리 시간을 어떻게 사용하고 있나요? 여러분의 사례를 적어 보고 친구들의
  사례를 잘 들어봅시다.

4. 자투리 시간에 할 수 있는 일의 목록 만들기

  자투리 시간의 길이와 그것이 만들어지는 상황은 제각기 다릅니다. 그런데 아무 준
비 없이 자투리 시간을 맞으면 그냥 흘려보내게 됩니다. 자투리 시간의 양에 따라 미
리 할 수 있는 일의 목록을 만들어 둔다면 그 시간이 생기자마자 잘 활용할 수 있습니
다. 다음 표를 참고로 해서 여러분의 자두리 시간 활용 목록을 만들어 보세요.

5분 내외	친구에게 안부 문자 보내기, 줄넘기, 영어 단어 외우기, 수학 공식 외우기, 맨손체조 등
15분 내외	영어 문장 외우기, 신문 사설 읽기, 책 읽기, 음악 감상, 할머니 할아버지께 안부 전화하기 등
30분 내외	책 읽기, 책상 정리하기, 산책하기, 신문 읽기, 간단한 수행 평가 준비히기 등
60분 내외	수행 평가 준비하기, 인터넷 검색하기, 가속과 대화하기 등

나의 자투리 시간 활용 목록

5분 내외

15분 내외

30분 내외

60분 내외

5. 자기주도적 학습 계획표 GPS

1. 스스로 목표를 세우고 계획을 짜며 평가하는 시스템을 이해합니다.
2. 일일 GPS, 주간 GPS를 이해합니다.
3. 자기주도적 학습 GPS를 이해합니다.
4. 예습과 복습 GPS를 이해합니다.

1. 자기주도적 학습이란 무엇인가요?

"코끼리를 어떻게 먹을까요?" 답은 "한 번에 한 입씩"입니다. 이것은 커다란 목표를 성취하는 데도 똑같이 적용됩니다. 한 번에 한 단계 과제씩 한 단위씩 성취하는 것입니다. 여러분은 자신이 타고난 강점을 알고 그에 걸맞은 목표를 세워 실행하기 위한 계획을 세우기 위해 달려왔습니다. 여러분의 꿈을 이루기 위해 MAP(지도)을 따라온 것입니다.

이 MAP의 목적은 여러분이 스스로 즐겁고 자신 있게 공부할 수 있게 만드는 데 있습니다. 즉, 자기주도적 학습을 할 수 있게 하기 위한 것이지요. 그렇다면 자기주도적 학습이란 무엇일까요? 자기주도적 학습은 학습을 하는 사람이 스스로 **학습 목표(Goal)**를 정하고, **학습 계획(Plan)**을 수립해 학습을 수행하며, **학습 결과를 스스로 평가(See)**하는 학습 과정을 밀합니다. 따라서 여러분은 지금까지 익힌 방법을 바탕으로 한 시간·하루·한 주·한 달의 학습 목표를 세우고, 세부적인 실천 계획을 세워 실천하며, 스스로 평가하는 습관을 들이면 됩니다.

1. 코끼리를 어떻게 다 먹을 수 있을까요?

2. 자기주도적 학습이란 무엇일까요?

3. 오늘의 자기주도적 학습 GPS를 작성해 보세요.

Goal

Plan

See

✏️ 2. 일일 GPS(Daily GPS) 작성하기

Daily GPS			
월/일/요일	Goal	Plan	See
			○　△　X
일어난 시각		잠든 시각	
식 사	아 침	점심	저녁

자기주도적 학습 GPS

구 분	시간	Goal	Plan	See
학습				○ △ X
				○ △ X
				○ △ X
				○ △ X
독 서				○ △ X

3. 주간 GPS(Weekly GPS) 작성하기

주	구 분		Goal	Plan	See
1주	학습				○ △ X
					○ △ X
					○ △ X
					○ △ X
					○ △ X
	독서				○ △ X
	문화				○ △ X
	체험				○ △ X
	운동				○ △ X

5. 예습 GPS 작성하기

구 분	시간	Goal	Plan	See
				○ △ X

교시(과목)		목차 및 어휘	질문 거리
1교시 ( )	목차		
	어휘		
2교시 ( )	목차		
	어휘		
3교시 ( )	목차		
	어휘		
4교시 ( )	목차		
	어휘		
5교시 ( )	목차		
	어휘		
6교시 ( )	목차		
	어휘		

6. 복습 GPS 작성하기

구 분	시간	Goal	Plan	See
				○ △ X

교시(과목)	꼭 기억해야 할 것 적기(많이 적을수록 좋음)		과제 및 수행 평가
1교시 ( )	목차		
	어휘		
2교시 ( )	목차		
	어휘		
3교시 ( )	목차		
	어휘		
4교시 ( )	목차		
	어휘		
5교시 ( )	목차		
	어휘		
6교시 ( )	목차		
	어휘		

꿈은 이루어진다

나의 꿈은 무엇인가요? 비전은 무엇인가요? 또한 사명은 무엇인가요?

꿈을 가지고 꿈을 이룬 사람들을 만나보고 나의 꿈을 만나 그 꿈을
백지 위에 그려 보아요. 그려진 꿈이 그저 그림으로 벽에 걸려 있게 할 수는 없어요.
그 꿈이 이뤄지도록 사명 선언문을 작성해 보고, 나의 꿈과 사명이
이루어지도록 나에게 다짐하며, 그 꿈을 이루기 위해
이웃과 더불어 살아가는 지혜를 배워 보아요.

꿈이 있는 미래

1. 꿈의 뜻을 압니다.
2. 꿈의 힘을 압니다.
3. 꿈을 이룬 미래의 모습을 그려 봅니다.

1. 꿈이란 무엇인가요?

사람이 상상해서 믿을 수 있는 일이면 그것이 무엇이든 반드시 실현할 수 있습니다. 모든 것은 생각하는 대로 이루어지기 때문이지요. "사람은 꿈이 있기에 위대해진다"는 말이 있어요. 즉, 사람의 마음속에는 그 사람을 성공시킬 수 있는 힘이 잠재되어 있습니다. 마음속에 있는 생각, 마음속에 잠재되어 있는 힘을 꿈이라 합니다.

마음속에 있는 꿈을 이루기 위해 노력하는 사람은 꿈을 이룰 수 있고, 그 사람들이 모여 있는 이 세상의 문명이 발전하는 것입니다. 지금 여러분의 눈앞에 있는 자동차, 컴퓨터, 휴대 전화, TV 등은 모두 어떤 사람의 마음속과 머릿속에 있던 꿈에서 시작되었어요. 이런 것들이 실제로 만들어지기 전에는 그저 하나의 생각일 뿐입니다. 그러나 그런 생각을 한 사람들이 큰 희망을 가지고 열정적으로 노력하고 나아갔기 때문에 생각이 현실이 될 수 있었던 거예요.

자신의 마음속에 있는 생각이 무엇인지 알고 자신만의 꿈을 품는 것이 중요합니다. 자신이 원하는 목표를 향해 쉼 없이 나아가는 것은 인생이라는 항로에서 나침반이 되어 주기 때문입니다. 공부를 잘하고 싶나요? 그럼 먼저 자신의 꿈이 무엇인지 찾아야 합니다. 지금 잠을 자는 사람은 꿈을 꿀 수 있지만, 지금 꿈을 찾고 꿈을 가지는 사람은 성공을 향해 나아갈 수 있습니다.

1. 꿈이란 무엇인지 자신의 생각을 적어 보세요.

2. 꿈을 이루기 위해 가장 먼저 무엇을 해야 할까요?

"당신의 꿈만큼 당신은 성공할 수 있습니다."

이것은 어느 유명한 미국 잡지에 실린 헤드 카피입니다. 이 광고의 사진에는 한 어린이가 미래를 향해 바라보는 가운데 우주선이 발사되는 모습이 담겨 있습니다. 헤드 카피 밑에는 이런 카피가 나옵니다.

"성장은 정신이 가리키는 곳을 따르게 마련입니다."

라이트 형제는 비행기를 꿈꾸었고 그것을 실제로 만들었습니다. 와트는 끓는 물주전자를 보다가 증기기관을 꿈꿨고 그것을 만들었습니다. 로봇이, 컴퓨터가 우연히 만들어졌을까요?

꿈이 만들었습니다. 우리의 꿈에는 놀랄 만한 힘이 있습니다.

미국 대통령 오바마도 글로벌 위기 속에서 희망찬 변화를 자신 있게 제시하고 국민들에게 한마음 한뜻으로 도전한다면 무엇이든 할 수 있다는 꿈을 심어 주었기에 세계적인 리더가 될 수 있었습니다. 미국의 케네디 정부도 인간을 달에 착륙시키겠다는, 그 당시에는 상상도 하기 힘든 꿈에 도전하며 국민들에게 자긍심과 희망을 심어 주었습니다.

꿈은 꾸는 사람으로 하여금 의욕을 갖게 하고 집중하게 하며 행동하게 하는 힘이 있습니다. 우리도 좋은 꿈을 마음껏 펼쳐 보도록 해요. 꿈은 우리를 배반하지 않을 거예요. 꿈이 가진 힘이란 바로 도전하게 하고 포기하지 않게 하는 힘이지요. 여러분 안에 여러분의 인생을 맡길 만한 꿈을 심으세요. 그 꿈이 여러분을 이끌어 갈 것입니다.

1. 라이트 형제의 꿈은 무엇이었습니까?

2. 와트의 꿈은 무엇이었습니까?

3. 여러분의 꿈은 무엇입니까?

4. 꿈의 힘은 무엇입니까?

3. 꿈꾸는 능력에 따라 인생이 달라진다

피카소와 반 고흐는 비슷한 재능을 지닌 화가였습니다. 하지만 잘 아는 대로 두 사람의 인생은 매우 달랐습니다. 피카소가 성공한 화가로 살았던 반면, 반 고흐는 실패한 화가의 삶을 살았습니다. 어떤 면에서 보면 반 고흐는 피카소보다 더 위대한 재능을 지닌 화가였습니다. 피카소가 화가 아버지의 빈틈없는 교육과 후원 아래 네 살부터 그림을 그렸던 반면, 반 고흐는 스물일곱 살부터 그림을 그리기 시작했기 때문입니다. 게다가 반 고흐에게는 스승도 인도자도 없었습니다. 그렇다면 이렇게 위대한 반 고흐는 어쩌다 피카소보다 못한 삶을 살게 되었을까요? 피카소는 긍정적인 꿈을 생생하게 그렸던 반면, 반 고흐는 자신의 모습을 부정적으로 상상했기 때문입니다.

피카소도 한때 반 고흐 못지않은 무명 시절을 겪었습니다. 10년 넘게 무명으로 지내는 동안 그림은 팔리지 않았고 인정도 받지 못했습니다. 하지만 피카소는 마음속에 늘 세계적인 화가가 된 자신의 모습을 그렸고, 입만 열면 이렇게 말하곤 했습니다.

"나는 그림으로 억만장자가 될 것이다."

"나는 미술사에 한 획을 긋는 화가가 될 것이다."

"나는 갑부로 살다가 갑부로 죽을 것이다."

이와는 달리 반 고흐는 마음속으로 세상에서 쓸쓸히 사라지는 자신의 모습을 그렸습니다. 가난과 병으로 고통받으며 살다가 비참하게 죽는 그림을 그린 것입니다. 반 고흐 역시 피카소처럼 미래의 자신에 대해 말하곤 했습니다.

"나는 이렇게 평생 비참하게 살다가 죽을 것 같아."

"나는 돈과 인연이 없어."

"불행은 나를 절대로 떠나지 않을 것 같아."

비슷한 재능을 지녔던 두 사람의 인생은 사람의 마음속 그림, 즉 꿈을 따라 전개되었습니다. 반 고흐의 위대한 작품은 그가 비참하게 죽고 난 뒤에야 비로소 알려졌습니다.

여러분은 무한한 가능성을 품고 있습니다. 여러분의 꿈을 찾아 어떻게 만들어 가느냐에 따라 여러분의 인생도 달라지는 것입니다.

1. 피카소와 반 고흐의 차이점은 무엇일까요?

2. 우리의 인생을 변화시킬 수 있는 것은 무엇일까요?

미국의 어느 고등학교에서 있었던 일입니다. 담임선생님이 반 학생들에게 어른이 되면 이루고 싶은 꿈을 써 오라는 숙제를 냈습니다. 아이들은 미래의 꿈을 열심히 적어서 제출했습니다. 담임선생님은 아이들이 너무 비현실적으로 꿈을 적었다고 지적하며 노트를 돌려주었습니다. 아이들은 선생님의 마음에 들게 자신들의 꿈을 새로 적어 제출했습니다. 가정 형편, 학교 성적 등을 고려해 충분히 이루어질 것 같은 꿈들만 적은 것입니다. 그런 글은 선생님에게 좋은 성적을 받았습니다.

그런데 먼티라는 학생은 예외였습니다. 그는 꿈의 노트를 한 글자도 고치지 않고 그대로 제출했습니다. 그의 노트 첫 페이지에는 이렇게 적혀 있었습니다.

"나는 200에이커(1 에이커는 한 농부가 소를 가지고 하루 동안 갈 수 있는 땅의 양, 4,047제곱미터 또는 약 1/2 헥타르)에 달하는 목장을 소유하는 삶을 살 것이다. 나는 경주마 트레이너를 고용하는 사람이 될 것이다. 나는 서러브레드 순종 경주마들을 기르는 사람이 될 것이다."

그 밑에는 목장 조감도가 그려져 있었고, 다음 페이지에는 목장의 구조, 그다음 페이지에는 목장에서 기를 가축과 목동 수가 구체적으로 적혀 있었습니다. 먼티는 이런 식으로 목장에 관한 사항을 모두 일곱 페이지에 걸쳐 상세히 적었습니다.

담임선생님은 어이가 없었고, 자신의 뜻이 무시당한 듯하여 살짝 화가 났습니다. 그는 먼티에게 차갑게 말했습니다.

"얘, 먼티. 네 마음은 이해해. 나도 네 나이 땐 커다란 꿈을 꾸었지. 하지만 꿈은 현실이 될 수 없기 때문에 꿈인 거야. 네 현실을 생각해 봐. 너는 지금 엄마도 없이 아버지와 단둘이 트럭 뒤 칸에서 살고 있잖아. 게다가 네 아버지는 일정한 직장 없이 이 목장 저 목장 떠돌며 잡일을 하고 있지. 그런데 네가 무슨 수로 목장을 사겠니? 네가 어디서 돈이 나서 경주마를 사고, 수십 명에 달하는 트레이너들과 목장 노동자들에게 매달 월급을 주겠니? 백 번을 다시 생각해 봐도 말이 안 돼. 그런 일은 있을 수 없어. 선생님이 다시 한 번 기회를 줄 테니 이

페이지를 모두 찢어 버리고 새로운 꿈을 적어 보렴. 네 처지에 맞고 실현 가능한, 상식적으로 납득할 수 있는 꿈을 적으란 말이야. 만일 그러지 않으면 낙제 점수를 줄 수밖에 없다. 허황된 소리만 잔뜩 늘어놓은 글에 어울리는 점수는 F밖에 없단다.”

다행스럽게도 먼티는 선생님의 의견에 동의하지 않았습니다. 먼티는 확신에 찬 어조로 이렇게 말했습니다.

“선생님, 저는 꿈을 글로 적고 생생하게 꿈꾸면 반드시 이루어진다는 말을 믿어요. 제게 낙제점을 주세요. 전 학교 점수보다 꿈이 더 중요해요.”

담임선생님은 고개를 절레절레 흔들었고, 먼티는 결국 낙제점을 받았습니다. 미국 캘리포니아주에는 “Flag is up Farms”라는 목장이 있습니다. 고등학생 먼티의 꿈 노트에 적힌 내용들이 거의 완벽하게 실현된 이 목장의 주인은 당연히 먼티입니다.

1. 담임선생님은 왜 아이들의 숙제 노트를 돌려주었을까요?

2. 먼티는 담임선생님이 돌려준 노트를 어떻게 해서 다시 제출했나요?

3. 먼티에게서 배워야 할 점은 무엇인지 말해 보세요.

● 이 과를 통해 느낀 여러분의 느낌과 각오를 적고 이야기 해 보세요.

“미래는 자신의 꿈을 믿는 사람들의 것이다” – 엘리노어 루스벨트

2. 나의 꿈 – 꿈을 만나라

1. 나의 꿈이 무엇인지 발표할 수 있습니다.
2. 내가 닮고 싶은 사람을 발표할 수 있습니다.
3. 나의 꿈을 사진으로 표현할 수 있습니다.

1. 내가 꾸고 있는 꿈

여러분은 매일 정보의 바다에서 헤엄치고 있습니다. 그 정보들은 여러분이 원하는 것이 무엇인지, 여러분이 어떤 사람이 될 것인지 알려줍니다. 부모님이나 친구, 선생님, 잡지, TV, 라디오, 인터넷 등은 여러분에게 많은 조언을 해 줍니다. 이것을 해라, 그렇게 말해라, 이렇게 되어라, 그것을 원해라……. 그러다 보니 많은 사람들이 정보들에 지나치게 마음이 쏠린 채 살아가고 있습니다. 그리고 가장 의미 있는 꿈은 자신에게서 시작된다는 사실을 아주 쉽게 잊어버립니다. 꿈은 바로 여러분 자신 속에서 생겨난 것인데도 말입니다.

실현 불가능해 보이고 자신의 능력으로 도달할 수 없을 것 같더라도 꿈을 찾는 일은 자신이 원하는 미래를 살아가는 데 도움이 됩니다. 여러분 자신에게 이렇게 물어보세요.

"내가 정말 원하는 것은 무엇일까?"

그리고 자신이 어떤 답을 내리는지 귀 기울여 보세요. 이러한 자신과의 대화는 여러분이 지금까지 해온 그 어떤 것보다 중요한 일이며, 가장 도전해 볼 만한 일인지도 모릅니다. 나는 다른 사람들을 돕는 사람이 되고 싶은가? 다른 사람에게 신뢰를 주는 사람이 되고 싶은가? 아니면 모험심이 많은 사람이 되고 싶은가? 혼자 힘으로 더 강한 사람으로 일어서고 싶은가? 우등생이 되고 싶은가? 박찬호 같은 야구 선수가 되고 싶은가, 아니면 김연아 같은 피겨 스케이터가 되고 싶은가? 시간을 충분히 가지고 자신이 정말 원하는 것이 무엇인지 생각해 보세요.

1. 여러분이 정말 원하는 것은 무엇인가요?

2. 여러분이 좋아하는 것은 무엇인가요? 그 이유는 무엇인가요?

2. 내가 꿈꾸는 미래 삶의 모습

나는 이런 사람이 되고 싶다.

20______년 ______월 ______일

나는 이런 학생이 되고 싶어요(나는 이렇게 공부하고 싶어요).

10대

나는 이런 일을 하고 싶어요(나는 이런 직업을 갖고 싶어요).

20대

30대

**"삶을 재미있게 만드는 것은
꿈을 이룰 수 있는 가능성이 있기 때문이다"**

– 파울로 코엘료

3. 내가 본받고 싶은 사람(예시)

제가 가장 존경하는 분은 빌 게이츠입니다. 그는 개척자적인 도전 정신과 불굴의 의지로 마이크로소프트사를 창립해 미지의 세계에 도전하는 전 세계 모든 젊은이들의 모범이 되었습니다. 또한 경영자로서의 일관된 소신과 경영 원칙은 마이크로소프트사를 최고의 기업으로 이끌어 전 세계인의 존경을 받고 있습니다.

"나는 힘이 센 강자도 아니고 그렇다고 두뇌가 뛰어난 천재도 아닙니다. 날마다 새롭게 변했을 뿐입니다. 그것이 나의 성공 비결입니다. Change의 g를 c로 바꾸면 Chance가 됩니다. 변화 안에는 반드시 기회가 있습니다."

빌 게이츠의 이 말에 저는 깊은 감명을 받았고, 이 말을 항상 되새기며 날마다 새로운 배움을 얻고 지혜를 쌓아 가기 시작했습니다. 하루하루 창조적인 삶을 살기 위해 노력했습니다. 누구나 걷는 쉽고 편한 길이 아닌, 아무도 가지 않으려 하는 길을 가기 위해 저만의 도전 정신을 키워 가게 되었습니다.

저는 컴퓨터에 유난히 관심이 많아 초등학교 3학년 때부터 지금까지 컴퓨터 수업에 적극적으로 참여하고 있습니다. 아울러 21세기의 최첨단 분야인 IT에 흥미를 느끼게 되었습니다. 컴퓨터뿐만 아니라 더 나아가 이 사회를 이끌어가는 정보통신 기술 분야의 전문가가 되고 싶어졌습니다. 빌 게이츠가 정보화 사회의 중점 기술인 정보통신 기술을 습득해 마이크로소프트사를 세웠듯이 저도 이 분야의 기업을 만들어 성공하는 것이 꿈입니다. 훗날 정보화 흐름의 중심에서 제 삶을 이끌어 사회의 흐름을 주도하고 사회 발전에 기여하고 싶습니다.

– 〈어느 초등생의 학습 계획서〉 중에서

여러분이 가장 닮고 싶은 사람은 누구인가요? 어릴 때는 부모님을 닮고 싶었고, 유치원에 다닐 때는 선생님을 닮고 싶었고, 초등학교에 와서는 유명 연예인이나 스포츠 선수를 닮고 싶어 했을지도 모릅니다. 누구나에게 닮고 싶은 사람이 있다는 것은 매우 중요한 일입니다. 장차 여러분의 인생에 큰 꿈을 심어 주고 여러분의 인생 항로에 나침반이 될 수 있기 때문입니다.

역사상의 인물이나 우리와 함께 살아가는 사람들 가운데 여러분이 진정으로 닮고 싶은 사람을 찾아 그 사람을 닮아 가도록 노력하기로 해요.

이름

직업

업적

본받고 싶은
이유

위에 적은 사람을 본받기 위해 노력해야 할 점

3. 나의 비전 – 꿈을 그려라

1. 비전이란?

자신만의 꿈을 찾았다면 그 꿈이 이루어질 수 있게 해야 합니다. 실현하지 못한다면 그 꿈은 그저 공상에 지나지 않습니다. 꿈이 현실이 되게 하기 위해서는 꿈을 비선으로 바꾸어야 합니다.

꿈을 비전으로 바꾼다는 것은 여러분의 눈앞에 넓게 펼쳐진 자연의 경치를 여러분만의 도화지에 그려내는 것이라고 할 수 있습니다. 영어 단어 VISION의 VIS의 어원에는 그림이라는 뜻이 포함되어 있습니다. 꿈이 만질 수도 없고 어떤 모습으로 나타낼 수도 없는 것이라면, 비전은 여러분의 꿈을 그림으로 생생히 표현할 수 있는 것이라 할 수 있습니다.

그러므로 추상적인 꿈은 반드시 그림으로 선명하게 스케치하고 색칠해야 더욱 가치가 매겨지고 작품성을 띠게 되는 것입니다. 또한 허공 속에, 생각 속에 있던 것을 눈앞에, 손 안에 잡아 둘 수 있게 되는 것입니다.

1. 꿈이 이루어지지 않으면 결국 무엇이 될까요?

2. 영어 단어 VISION의 VIS에는 어떤 뜻이 담겨져 있나요?

3. 꿈을 비전으로 바꾼다는 말은 무슨 뜻일까요?

2. 꿈을 그리는 법칙 – D·R·E·A·M

● Decide – 결심하라

　꿈을 비전으로 바꾸기 위해 첫째로 필요한 것은 여러분의 결심입니다. 꿈은 누구나 꾸는 것입니다. 그러나 살아가면서 그 꿈과 점점 멀어지는 사람과 그 꿈에 한 발짝씩 다가가는 사람으로 나누어집니다. 여러분은 어느 쪽인가요? 어느 누구도 자신의 꿈에서 점점 멀어지기를 바라지 않습니다. 그런데도 어떤 사람은 자신의 꿈과는 상관없이 인생의 조연으로 살다가 사람들의 기억에서 흔적도 없이 사라집니다. 이렇게 엄청난 차이가 나타나는 이유는 꿈을 붙잡는 방법의 차이 때문입니다.

　여러분이 꿈에 대한 결심을 얼마나 강하게 하느냐에 따라 꿈이 이루어질지 아닐지가 결정됩니다. 꿈에 대한 결심을 하려면 먼저 여러분만의 꿈의 목록을 만들어야 합니다. 여러분의 꿈을 그림으로도 그릴 수 있을 만큼 상세하고 구체적으로 적어 보는 것입니다. 그렇게 적어 놓은 꿈이 좀 더 쉽게 이루어지기를 바란다면 반복해서 중얼거려 봅시다. 자신이 바라는 것을 중얼거리면 그 결심에 더 집중할 수 있기 때문입니다. 중얼거릴 때는 부정적이거나 나약한 생각을 버리고 긍정적인 생각과 강한 마음을 가져야 합니다. 그러면 여러분의 꿈은 공상으로 끝나지 않고 하나둘 실현될 것입니다.

No	나의 꿈	실현 되는 날
1		
2		
3		
4		
5		
6		
7		
8		
9		
10		
11		
12		
13		
14		
15		
16		
17		
18		
19		
20		
21		
22		
23		
24		
25		

No	나의 꿈	실현 되는 날
1		
2		
3		
4		
5		
6		
7		
8		
9		
10		
11		
12		
13		
14		
15		
16		
17		
18		
19		
20		
21		
22		
23		
24		
25		

● Risk – 위험을 감수하라

　운전면허를 딴 사람이 사고가 날까 두려워 차를 몰고 나가지 않으면 그 사람은 결코 차를 운전할 수 없습니다. 사고의 위험을 감수하고 차를 몰고 나가야만 멋진 드라이브를 즐길 수 있습니다.

　수영 선수가 꿈인 학생이 "나는 수영 선수가 되고 싶어. 그런데 수영을 하다가 물에 빠져 죽을지 모르니 절대 물에 들어가지 않겠다. 박태환 선수가 훈련하는 모습을 열심히 봐서 훌륭한 수영 선수가 될 거야"라고 한다면 과연 훌륭한 수영 선수가 될 수 있을까요?

　"실패는 성공의 어머니"라고 합니다. 위험을 감수하라는 것은 위험을 맞을 준비를 미리 하라는 것입니다. 실패와 위험을 감수할 때 비로소 성공도 얻는 것입니다.

1. 여러분이 이루고 싶은 가장 간절한 꿈은 무엇인가요?

2. 그 꿈을 이루기 위해 감수해야 할 위험은 무엇일까요?

3. 그 꿈을 이루는 데 지금 방해가 되는 것은 무엇인가요?

4. 그렇다면 그 방해물을 극복할 수 있는 방법은 무엇일까요?

5. 여러분의 꿈이 이루어지는 것을 막는 위험 요소와 방해물이 여러분의 결심으로 제거되었습니다. 여러분 스스로에게 파이팅 해 보세요!

● Expect – 이루어질 것을 기대하라

여러분의 꿈을 비전으로 바꿀 수 있게 하는 것들 가운데 가장 강력한 것은 긍정적으로 이루어질 것을 기대하는 것입니다. 여러분은 미래에 사업가도 될 것이고, 선생님도 될 것이며, 훌륭한 외교관도 될 것입니다. 미래의 모습을 그리지 않은 채 자신이 원하는 꿈을 이룬 사람은 아무도 없습니다. 사람은 자신의 행동이 성공하고 긍정적인 결과를 가져올 것이라는 확신이 들면 서슴없이 그 일을 하게 됩니다.

여러분의 꿈은 이루어집니다. 아래에 여러분의 학생증과 명함이 있습니다. 여러분이 어떤 사람이 되느냐는 바로 여러분에 의해 결정됩니다. 학생증과 명함을 만들어 여러분이 만나는 사람들에게 여러분을 자신 있게 소개해 봅시다.

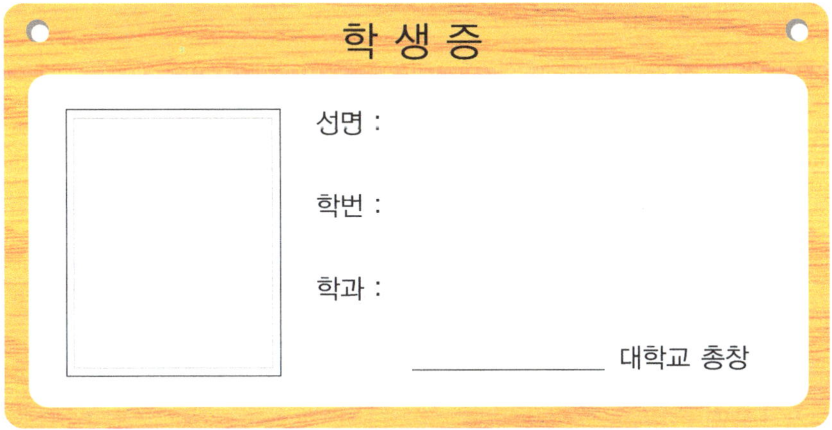

● Aspire – 간절히 원하라

간절히 원한다는 말은 어떤 일에 열정을 가진다는 것과 같습니다. 무엇을 이루고 싶은 소망의 정도가 열정의 정도를 결정합니다. 높은 소망을 가진 학생들은 스스로 훨씬 더 높은 목표를 세우며, 그것을 달성하기 위해 얼마나 공부를 해야 할지를 압니다. 여러분은 학습 능력이 비슷한 학생들이 성적에서는 차이가 나는 것을 보았을 것입니다. 학습 능력은 비슷한데 성적 차이가 나는 것은 얼마나 간절히 원하는가에서 차이가 나기 때문입니다.

꿈을 비전으로 바꾸는 데는 반드시 열정이 필요합니다. 간절히 바라지 않으면서 자신의 꿈을 이루기 위해 노력한다는 것은 총도 없이 전쟁터에 나가는 것과 같습니다.

20년 후 나의 이력서

사진	성 명	한글		주민번호	
		한문		주소	
		영문			
	전화			E-mail	

학력사항	재학기간	학교명	전공	성적	소재지	졸업 구분
	년 월~ 년 월	초등학교		/		졸업 / 수료 / 졸업예정
	년 월~ 년 월	중학교		/		졸업 / 수료 / 졸업예정
	년 월~ 년 월	고등학교		/		졸업 / 수료 / 졸업예정
	년 월~ 년 월	대학교		/		졸업 / 수료 / 졸업예정
	년 월~ 년 월	대학원		/		졸업 / 수료 / 졸업예정

자격사항	자격명	취득일	발급 기관	수상경력	수상명	수상일	수여 기관

년	월	일	경력사항	비고

● Mimic – 이미 이루어진 것처럼 흉내 내라

　원하는 꿈을 이루고 사는 사람들은 어떤 모습일까요? 여러분이 간절히 원한다고 해서 꿈이 무조건 이루어지는 것은 아니지만, 꿈을 향해 꾸준히 나아갈 때 꿈은 이루어집니다. 20년 후 여러분의 꿈은 이루어집니다. 꿈을 이룬 여러분의 모습이 TV 화면에 나옵니다. 여러분의 멋진 모습을 그려 보고 스스로와 인터뷰를 해 보세요.

4 나의 사명 – 꿈을 이루어라

1. 사명이 무엇인지 발표할 수 있습니다.
2. 비전과 사명, 가치관과 목표의 관계를 압니다.
3. 사명선언문을 만드는 방법을 압니다.
4. 자신의 사명선언문을 만들어 봅니다.

1. 사명이란 무엇인가요?

● 사명이란 무엇인가?

사명이란 자신이 이 세상을 살아가는 목적이나 이유를 가리킵니다. 사명은 가지고 태어나는 것이 아니라 자신이 이 땅에서 살아가는 목적이나 태어난 이유에 대해 스스로 어떤 의미를 부여하는 것입니다. 이렇게 살아가는 목적과 태어난 이유에 의미를 부여하는 것이 결코 쉬운 일은 아닙니다. 다른 사람들의 성공을 도와주는 유명한 인생설계자인 스티븐 코비도 자신의 사명선언문을 만드는 데 8개월이나 걸렸다고 합니다. 하지만 인생을 여행에 비유할 때 사명은 여러분이 걸어가는 길의 역할을 합니다. 뚜렷한 사명이 있을 때 여러분의 꿈은 더욱 선명해지고 반드시 이루어지게 됩니다.

● 나침반 – 가치관

여러분의 가치관은 여러분의 인생에서 나침반 역할을 합니다. 사람들은 자신이 중요하다고 생각하는 것을 기준으로 행동합니다. 따라서 어떤 가치관을 지녔느냐에 따라 자신의 꿈을 그려낸 비전에 도달할 수 있는가가 결정됩니다. 사람들의 가치관은 조금씩 바뀌기도 합니다. 여러분이 무엇을 알고 무엇을 경험하느냐에 따라 여러분의 가치관도 바뀔 수 있습니다. 하지만 인생의 나침반 역할을 하는 것이 가치관이라는 것을 명심하고 바르고 참된 가치관을 가질 수 있게 노력해야 합니다.

● 표지판 – 목표

길에 서 있는 표지판은 비전을 향해 나아가는 과정에서 여러분들이 그동안 세운 구체적인 목표를 의미합니다. 목표는 기한이 정해진 꿈이라고 했습니다. 중간중간 서 있는 표지판을 따라 나아가다 보면 결국 최종 목적지에 도달하게 됩니다.

● 뜨는 태양 – 비전

떠오르는 태양은 우리의 비전을 의미합니다. 비전은 여러분이 미래에 이루고자 하는 온전한 꿈의 모습이지만, 아직까지 다 떠오르지는 않고 지평선에 걸려 있습니다. 여러분의 미래에 이루어질 꿈도 산 너머에 숨은 태양처럼 분명히 있습니다. 아직 떠오르지 않은 태양을 그리듯 여러분의 꿈을 선명하게 그려내는 것이 비전입니다.

● 길 – 사명

사명은 여러분을 비전으로 인도하는 길 역할을 합니다. 스스로 사명에 어떤 의미를 부여하느냐에 따라 비전을 향해 나가면서 취하는 방법이 달라지고, 그에 따라 사람 됨됨이도 달라집니다. 이제 여러분이 숨 쉬고 살아가는 이유를 만들어 보세요.

2. 사명선언문이란?

사명선언문은 '사명서(Mission Statement)'라고도 하는데, 자신의 존재 이유를 문서로 공식화한 것을 말해요. 사명선언문은 인생의 의미와 목적에 대한 자신의 견해를 나타내는 대단히 유용한 문서입니다. 이것은 의사를 결정하고 행동을 취할 때 지침이 되는 개인 헌법의 역할을 합니다.

사명선언문을 작성하게 되면 다음과 같은 이점이 있습니다.

1. 자신의 삶에 대해 깊이 생각해 보게 합니다.
2. 자신의 내면 깊은 곳에 있는 생각과 감정을 살펴볼 수 있게 도와줍니다.
3. 자신에게 정말 중요한 것이 무엇인지를 분명하게 합니다.
4. 시각을 확대시켜 줍니다.
5. 자신의 가치관이나 목적을 마음속에 확실하게 각인시켜 줍니다.
6. 가치관에 따른 방향을 제시하고 스스로와 약속을 하게 합니다.
7. 장기적인 목표 달성을 위해 날마다 진전이 이루어지게 합니다.

사명선언문은 진정 우리가 원하는 것이 무엇인지, 그것을 이루기 위해 어떻게 살아야 하는지, 마침내 어떤 사람이 되는지 등과 같은 삶의 현안들을 구체적으로 조정하고 감독합니다. 따라서 명료하게 작성된 사명선언문은 여러분이 이 사회를 살아가는 동안 가장 유익한 동반자가 될 것입니다.

사명을 명확히 정의한 사람들은 그러지 못한 사람들보다 항상 앞서 나갑니다. 이제 여러분에게는 자신의 사명을 위해 살 것인지, 아니면 다른 사람의 사명을 위해 살 것인지 결정하는 일만 남았습니다.

1. 사명선언문이란 무엇입니까?

2. 사명선언문을 만들면 어떤 점이 좋은지 세 가지 이상 쓰세요.

에이브러햄 링컨의 사명은 '미합중국의 분열을 막는 것'이었고, 프랭클린 D. 루스벨트는 '대공황에 종지부를 찍겠다'는 사명을 가지고 있었습니다. 1993년 노벨평화상을 받은 남아프리카 공화국 최초의 흑인 대통령 넬슨 만델라는 '인종 차별의 종식'을, 20세기의 마지막 성인으로 불린 마더 테레사 수녀는 '굶주리고 가난한 사람에게 자비와 연민을 베푸는 것'을, 15세기 전반 영국과의 백년전쟁 후반에 프랑스를 위기에서 구한 영웅 소녀 잔 다르크는 '프랑스 해방'을 사명으로 지녔습니다.

위에서 말한 위대한 인물들의 사명선언문은 어떤가요? 이해하기 어려운가요? 그렇습니다. 초등학생이라도 쉽게 이해할 수 있습니다.

세계적인 베스트셀러 작가이자 〈기적의 사명선언문〉을 쓴 로리 베스 존스는 좋은 사명선언문은 다음의 세 가지 요소를 반드시 갖추어야 한다고 했습니다.

첫째, 한 문장을 넘어서는 안 된다.

둘째, 초등학생이라도 이해할 수 있어야 한다.

셋째, 쉽게 외울 수 있어야 한다.

이 조건을 갖춘 사명선언문을 예로 들면 다음과 같습니다.

- 예수

"내가 온 것은 영원한 생명을 얻게 하고, 그것을 더 풍성히 얻게 하려는 것이다"

- 이순신

"겨레의 방패가 되어 나라를 구하리라"

1. 쉬운 사명선언문의 요소 세 가지를 적어 보세요.

4. 사명선언문 만들기의 기초

모든 사명에는 행동이 따라야 하고, 행동을 나타내는 단어는 동사입니다.
다음에서 각 줄마다 가장 흥분시키는 동사를 세 개씩 선택해 동그라미를 쳐 보세요.

가르치다	만지다	생산하다	용서하다	지속하다
감동시키다	말하다	생성하다	원인이 되다	지지하다
감상하다	명령하다	선발하다	유지하다	착수하다
감소시키다	명시하다	선택하다	육성하다	참여하다
강화시키다	모으다	설득하다	의사소통하다	창조하다
갖다	모험하다	성취하다	이끌다	촉진하다
개선하다	묵상하다	세우다	이해하다	추구하다
견디다	믿다	소유하다	이행하다	추진하다
결정하다	반영하다	소환하다	인도하다	치유하다
결합시키다	받다	수여하다	일하다	칭찬하다
경감시키다	발견하다	수집하다	자원하다	탐사하다
경쟁하다	발전시키다	수행하다	장려하다	토론하다
계몽하다	방어하다	숙달하다	저축하다	통합하다
고려하다	번역하다	숭배하다	전진하다	판매하다
고안하다	보여주다	승인하다	점화하다	평가하다
고양시키다	보유하다	식별하다	정제하다	포용하다
고취하다	보호하다	쓰다	제공하다	표현하다
고치다	봉사하다	알다	제시하다	해방시키다
공명하다	부여하다	약속하다	조달하다	향상시키다
공유하다	부흥하다	여행하다	조장하다	협력하다
관계하다	분배하다	연결하다	조직하다	협상하다
구축하다	불러내다	연락하다	존경하다	형성하다
기억하다	빛내다	연습하다	존중하다	확인하다
깨닫다	사랑하다	연합시키다	종사하다	확장시키다
꿈꾸다	사용하다	열다	주다	활용하다
놀다	산출하다	열중하다	주시하다	회복하다
대접하다	살다	영양을 공급하다	주장하다	휴식하다
동기화시키다	상담하다	영향을 미치다	주최하다	흥분시키다
만들다	상승하다	완수하다	준비하다	희생하다
만족하다	생각하다	요구하다	즐기다	힘쓰다

1. 선택된 것 가운데서도 나에게 가장 의미 있고, 중대하고, 흥미로운 동사는
   다음과 같습니다.

   ___________________ , ___________________ , ___________________

2. 사람들에게 가장 인정받고 싶은 나의 특성이나 재능을 세 가지 쓰세요.

3. 내가 가장 중요하게 여기는 핵심 가치를 세 가지 쓰세요.

4. 모든 것이 가능하다면, 내가 꼭 해 보고 싶은 것을 세 가지 쓰세요.

5. 모든 것이 가능하다면, 이 세상을 어떻게 변화시키고 싶은지 써 보세요.

 나의 관심 분야와 핵심 가치, 나를 가장 흥분시키는 세 개의 동사를 사용해 다음과 같이 사명선언문을 만들 수 있습니다.

나, ___________의 사명은

_________________에/의/을(를) 위하여/와(과) 함께
(나를 가장 매료시키는 집단/단체)

_____________을(를)
(핵심 가치)

___________ , ___________ , ___________ .
(세 개의 동사)

 이러한 방법을 사용해 다음과 같이 사명선언문을 만들 수 있습니다.

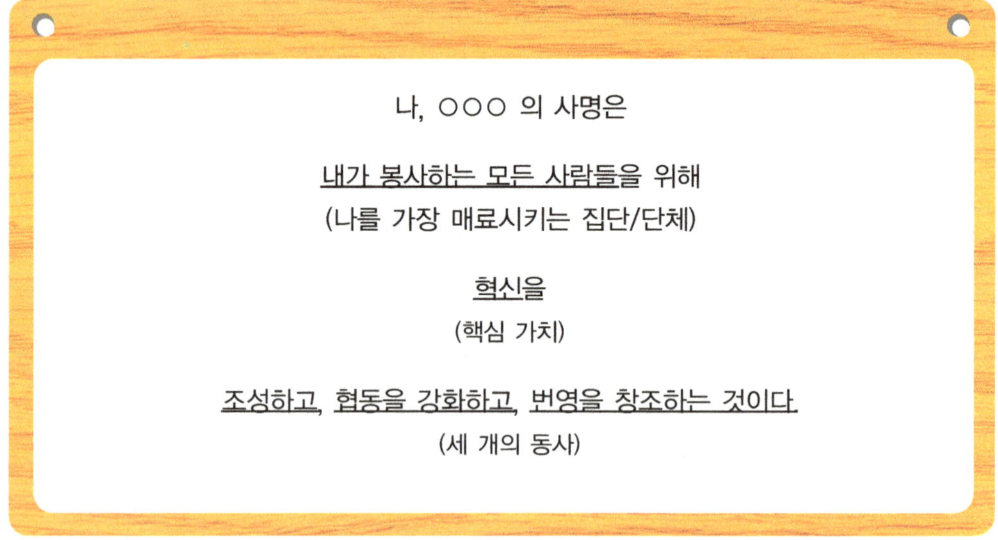

예 : 나의 사명은 청소년들이(단체) 성공적인 삶을 살 수 있도록(핵심 가치) 그들을 돕고, 가르치고, 함께하는 것이다(세 개의 동사).

사명선언문

5 다짐 – 꿈을 다져라

1. 열정과 끈기를 압니다.
2. 경청과 배려를 압니다.
3. 봉사를 압니다.

1. 열정으로 가득한 나

전 세계 젊은이들이 빌 게이츠보다 더 우상으로 받드는 사람이 있습니다. 세계 최초의 3D 애니메이션 제작자, MP3 시장을 석권한 세계 제1의 창의적 최고 경영자, 아이팟 · 아이폰 · 아이패드 성공의 주역, 바로 스티브 잡스(Steve Jobs)입니다.

세상에 태어나자마자 버려진 스티브 잡스는 입양되어 샌프란시스코에서 자랐고, 고등학교를 마치고 곧장 사회인이 되었습니다. 자신이 정말 하고 싶은 일을 찾지 못해 방황하던 그는 컴퓨터를 직접 만들어 판매해서 큰 성공을 거두었습니다. 스무 살에 세계 최초로 개인용 컴퓨터를 개발했고, 스물다섯 살에 백만장자가 되었습니다. 그런데 그의 독주를 두려워한 대주주들에 의해 1985년 자신이 세운 애플사에서 쫓겨났습니다.

하지만 그는 3D 애니메이션 제작사인 픽사를 인수해 〈토이 스토리〉, 〈몬스터 주식회사〉, 〈니모를 찾아서〉를 제작하고 연이어 흥행에 성공합니다. 2000년 1월, 다시 애플의 최고 경영자로 돌아온 그는 아이팟과 아이폰, 아이패드로 단순한 컴퓨터를 넘어 디지털 문화를 창조해 나가고 있습니다.

스티브 잡스는 자신이 세운 회사에서 쫓겨나는 수모를 당했습니다. 다른 사람들이라면 자신의 처지를 비관하며 좌절했을 것입니다. 하지만 그는 결코 좌절하거나 포기하지 않았습니다. 오히려 자신의 삶에 대한 열정을 불태웠고 더 큰 성공을 이루었습니다. 스티브 잡스는 2005년 6월 12일 스탠포드 대학 졸업생들에게 행한 축사에서 이렇게 말했습니다.

“죽음은 우리 모두가 공유하는 종착점입니다. 그리고 누구도 거기에서 벗어날 수 없지요. 그렇기 때문에 우리는 그곳에 도달하기까지 더욱 열심히 최선을 다해 살아야 합니다.”

스티브 잡스는 포기하지 않으면 반드시 성공한다는 것을 알고 있었습니다. 열정은 시련을 뛰어 넘는다는 것도 알고 있었습니다. 그래서 그는 자신을 내쫓은 애플사를 비난하는 데 시간을 허비하지 않았습니다. 오히려 미래를 바라보며 열정적으로 피나는 노력을 기울였습니다. 그리하여 이전보다 더 큰 성공을 거두고 새로운 미래를 창조해 나가고 있는 것입니다.

1. 나의 꿈을 이루기 위해 스티브 잡스에게서 배워야 할 점은 무엇입니까?

 ## 2. 끈기로 꿈을 이루는 나

소설 《뿌리(Roots)》의 작가 알렉스 헤일리(Alex Haley)는 이 소설을 쓰는 데 무려 12년을 바쳤습니다. 대학을 중퇴하고 해군에 입대한 헤일리의 꿈은 작가가 되는 것이었습니다. 그는 항해 중에도 타자기를 늘 옆에 끼고 살았습니다. 하지만 작가의 길은 순탄치 않았습니다. 그는 매일 16시간씩 글을 써서 여러 출판사에 보냈지만 아무 반응이 없었습니다. 그렇게 8년 동안 무려 100통이 넘는 거절 편지를 받았습니다.

헤일리는 《뿌리》를 쓰기 위해 아프리카에서 끌려온 노예들에 대한 자료를 찾아 전국의 도서관과 문서 보관소를 뒤졌습니다. 나중에는 노예들의 고향인 아프리카까지 찾아갔습니다. 그는 결코 포기하지 않고 끈기 있게 매달렸습니다. 노예로 끌려온 7대조 할아버지의 심리를 파악하기 위해 남아프리카에서 미국까지 가는 화물선을 타고 열흘 동안 속옷만 입은 채 밤을 지내기도 했습니다.

이런 과정을 거치는 동안 처음 의도한 대로 책을 집필하기 위해 8,000달러의 비용을 썼고, 지구를 수십 바퀴 놀 정도의 거리를 여행하며 수천 명을 만났습니다. 그 결과 쉰다섯 살이 되던 해에 마침내 아프리카에서 미국으로 끌려온 노예들의 삶을 다룬 소설 《뿌리》를 출판할 수 있었습니다. 이 소설은 31개 언어로 번역되었고, 800만 부 이상 팔려 나갔습니다. 그 덕분에 헤일리는 당대 최고의 작가가 되었으며 명예 학위도 받았습니다.

만약 알렉스 헤일리가 글을 쓰다가 지쳐서 중단했다면 어땠을까요? 끝까지 해 보지 않고 포기하는 것은 아예 그 일을 시작하지 않는 것과 다름이 없습니다. 미국의 한 조사 기관에서 세일즈맨의 성과를 조사한 적이 있습니다. 48%의 세일즈맨이 고객을 한 번 방문하고 포기했고, 25%는 두 번째 방문에서 포기했습니다. 15%는 세 번째 방문에서 포기했습니다. 12%의 세일즈맨은 온갖 시련에도 포기하지 않고 꾸준히 방문한 결과 목표를 달성했다고 합니다.

에디슨은 전구를 발명하기까지 147번의 실험을 실패했습니다. 라이트 형제는 비행에 성공하기까지 무려 805번의 실패를 거듭했습니다. 차사순 할머니는 무려 939번이나 운전면허 시험에 낙방했습니다. 하지만 에디슨과 라이트 형제는 꿈을 이루었습니다. 물론 차사순 할머니도 운전면허 시험에 합격했고, 승용차까지 선물로 받았습니다. 성공은 시련을 이겨내고 끝까지 최선을 다하는 사람에게 주어지는 선물입니다.

1. 어떠한 어려움에도 포기하지 않고 끈기 있게 최선을 다하고 싶은 꿈이 무엇입니까?

2. 여러분의 꿈을 위한 각오를 써 보세요.

3. 너와 함께 이루는 꿈 - 경청

인간관계 전문가이자 리더십 전문가인 데일 카네기의 이야기입니다. 카네기는 어느 날 뉴욕의 한 출판업자가 주최한 저녁 파티에서 유명한 식물학자를 만나게 되었습니다. 카네기는 식물학자와 이야기 해 본적은 처음이었지만 그 식물학자는 매우 흥미로운 사람이었습니다. 카네기는 의자에 걸터앉아 이국적인 식물과 새로운 식물의 품종을 개량하기 위한 실험, 실내 정원에 대한 이야기에 흥미를 보이며 넋을 잃고 들었습니다.

그렇게 두 시간 정도를 식물학자의 이야기를 들어주고 자정이 가까워져 파티를 마무리하고 헤어질 시간이 되었습니다. 식물학자는 마침내 파티를 주최한 사람에게 다가가 작별 인사를 하며 카네기를 가리키며 매우 흥미로운 사람이라고 말하더니 끝내는 자신이 만난 사람 중 가장 흥미롭게 이야기하는 사람이라고 했습니다.

카네기는 식물학자와의 대화에서 거의 자신의 이야기는 하지 않았습니다. 식물학에 관해서 지식이 거의 없었던 카네기가 할 수 있는 이야기는 거의 없었습니다. 카네기가 한 것은 그의 이야기를 들은 것 그리고 흥미를 보여 준 것뿐이었습니다. 식물학자는 그것을 느꼈고, 자연스럽게 카네기의 관심이 식물학자를 만족시킨 것이었습니다. 다른 사람의 말을 관심을 가지고 들어 주는 것, 즉 경청은 다른 사람에게 할 수 있는 최고의 찬사입니다. 카네기는 그저 경청하고 상대방이 말하도록 유도했을 뿐인데 식물학자에게는 대화를 매우 잘하는 사람으로 생각하게 하였던 것입니다.

다른 사람이 하는 이야기를 잘 들으면 무언가를 배울 수 있고 상대방과 보다 쉽게 가까워지고 친하게 지낼 수 있습니다. 사람은 누구나 자기 이야기를 들어주는 사람에게 반응을 보이기 때문입니다. 경청은 모든 대화의 기술 중에서 가장 중요합니다. 감동적인 연설보다도 중요합니다. 힘 있는 목소리보다도 중요하며, 여러 외국어를 말할 수 있는 능력보다도 중요합니다. 열심히 듣는 것이 바로 효과적인 대화를 시작할 수 있는 길이기 때문입니다.

사람들에게 영향을 끼칠 수 있는 비결은 훌륭하게 이야기하는 사람에게 있는 것이 아니라 다른 사람을 말을 경청하는 사람에게 있습니다.

1. 경청이란 무엇입니까?

2. 상대방의 말을 경청하는 방법에 대해 적어 보세요.

 **4. 너와 함께 이루는 꿈 - 배려**

일본 마스시다사의 창업주인 마스시다 고노스케는 경영능력이 뛰어나고 인재 관리가 비범해 '경영의 신'으로 불리고 있습니다. 어느 날 한 마스시다 고노스케 회장이 단골 식당을 찾았습니다. 마침 귀한 손님을 접대할 일이 있었기 때문에 식당에 들어선 회장은 좋은 품질의 쇠고기요리를 주문해 다함께 맛있게 식사를 했습니다. 그런데 식사를 마칠 즈음 회장이 주방장을 불러 오라고 비서에게 넌지시 지시했습니다.

그 말을 들은 비서는 긴장이 되었습니다. 왜냐하면 회장의 그릇에는 먹다 남긴 음식이 많았기 때문이었습니다. 서둘러 주방장을 찾은 비서는 회장의 말을 전했고, 주방장은 걱정스런 마음으로 회장이 있는 방으로 왔습니다. 주방장이 조심스럽게 물었습니다.

"회장님, 음식에 무슨 문제라도 있었습니까?"

그러자 회장은 인자한 미소를 지으며 대답했습니다.

"아닐세, 자네가 요리한 소고기는 참 맛있었네."

식사를 하던 손님들이 어리둥절한 표정을 지을 즈음 회장이 다시 입을 열어,

"여보게. 난 오늘 이렇게 음식을 절반이나 남겼네. 하지만 좀 전에 말한 것처럼 자네의 쇠고기 요리는 최고였네. 문제는 내 입맛이지, 여든이 넘으니 식욕이 예전 같지 않아 혹시나 이 접시를 보고 자네가 오해할까 봐 불러 내가 음식을 남긴 이유를 알려 주려고 말일세."

사람들은 그제야 회장의 진심을 알고 그의 인품에 감동했습니다. 음식을 남겼을 때 혹시나 주방장이 오해할 것을 배려하는 마스시다 고노스케 회장의 배려하는 리더십이 그를 '경영의 신'이라고 불리게 한 것입니다.

배려는 상대방의 입장을 자신의 입장보다 우선시하고, 다른 사람의 어려움이나

필요에 응답해주는 것을 의미합니다. 즉, 배려는 상대가 원하는 것을 주고, 받기 전에 먼저 주려고 날마다 노력하는 것입니다. 21세기를 짊어지고 가야할 리더로서 갖추어야 할 최고의 덕목 중의 하나가 상대에 대한 배려입니다. 우리 주변에는 나 혼자만 잘 살기 위해서 경쟁하려하고, 또 경쟁에서 살아남는 것만이 최고라고 생각하는 사람들이 있습니다. 남을 쓰러뜨리고 나 혼자 성공하는 삶에는 배려가 없습니다. 나와 이웃이 다 함께 잘 살아가는 것이야말로 이 세상을 이끌어 가는 힘입니다. 배려는 '나' 와 '너' 에서 '우리' 로 나아가는 지름길입니다.

1. 배려란 무엇입니까?

2. 상대방을 배려하는 방법에 대해 말해 보세요.

 5. 우리가 함께 이루는 꿈 - 봉사

철강 왕 앤드류 카네기, 미국 최초의 합병회사인 스탠더드 석유회사를 창립한 존 록펠러, 컴퓨터 황제 빌 게이츠, 세계 두 번째 부자인 워렌 버핏, 독일의 '자동차 경주의 황제' 미하엘 슈마허, 아시아 최고의 부자인 홍콩의 리카청 창안그룹 회장, 우리나라 제약회사인 유한양행 설립자 유일한, 노벨 평화상 수상자인 성녀 마더 테레사 수녀 등. 이들의 공통점은 무엇일까요? 세계적인 부자들일까요? 그것은 결코 아닙니다. 이들에게는 '봉사' 라는 공통분모가 있습니다. 봉사는 과연 무엇일까요? 봉사는 남을 돕는 것입니다. 나의 것을 다른 사람에게 주는 것이 봉사입니다. 돈 만이 아니라 남을 위해 내가 가진 시간과 에너지를 쓰는 것이 봉사입니다.

시해라는 바다는 물이 들어오는 입구만 있고 출구가 없기 때문에 썩어서 생명체가 살 수 없습니다. 나누어주는 봉사는 활력을 주며 우리로 하여금 살아 움직이게 합니다. 인생에 있어서 우리에게 가장 큰 가치를 주는 것이 바로 봉사하는 마음입니다. 봉사는 인생의 꽃이라고 말할 수 있습니다.

꿀벌은 자신의 목적인 꿀을 따면서 동시에 그 꽃을 수정시켜 줍니다. 촛불 하나가 다른 촛불에 불을 옮겨 준다고 그 불꽃이 사라지지 않습니다. 오히려 빛은 나누어 줄수록 더 밝아지는 법입니다. 우리가 가진 것을 나누어 준다고 우리의 것이 없어지지는 않습니다. 오히려 우리가 가진 것을 나누어 주면 풍성하게 되돌아오게 됩니다.

학창 시절에 공부를 하고 자기 일에 최선을 다하는 것은 미래의 꿈을 이루고 성공하기 위해서입니다. 성공은 큰 힘과 재산, 그리고 명예를 가져다줍니다. 그런데 '그것들을 어디에 쓸 것인가?' 를 미리 결정해두고 인생을 시작해야 합니다.

자신만을 위한 공부는 시련이나 어려움이 닥치면 포기하거나 뒤로 물러나기 쉽지만, 이웃을 위해 공부한다면 쉽게 포기하지 않고 끈기 있게 밀고 나갈 것입니다. 여러분의 도움을 기다리는 이들의 어려움이나 고난을 생각하기 때문입니다.

참된 성공은 남을 도와줄 때 생기는 것입니다. 부와 권력을 가졌지만 자신만을 위해 쓴다면 그는 성공에서 멀리 있는 사람입니다. 봉사는 여러분을 리더로 키우며 더욱 강하게 만들고 진정으로 여러분을 행복하게 만듭니다. 지금부터 여러분이 할 수 있는 작은 봉사부터 실천해 보세요.

1. 봉사란 무엇인가요?

2. 여러분이 실천할 수 있는 봉사는 무엇인가요?

3. 현재 여러분이 실천하고 있는 봉사는 무엇인가요?

부록
나의 꿈은
이루어진다
부모님이 함께 보시고 지도해 주세요.
• 이 책의 기획 의도
• 이 책의 특징
• 이 책의 구성
• 단원별 활동 목표
• 모범 답안
• 자기 주도적 학습 계획표
GPS 따라하기

누구나 Only one이 될 수 있다!

아이가 유치원을 다닐 때의 꿈은 슈퍼맨이었습니다. 왜냐하면 지구를 지키고 어려움에 처한 사람들을 도와주어야 했기 때문이지요. 초등학교 6년 동안 아이의 꿈은 의사였습니다. 엄마가 간절히 원했기 때문이지요. 하지만 아이는 불효막심하게도 실력이 부족하다며 의사의 꿈을 접고 중학교에 올라가서는 프로게이머가 되겠다고 하였습니다. 하루 3~4시간을 게임에 빠져 있던 아이는 일반계 고등학교에 겨우 턱걸이로 진학하여 공부를 하는 둥 마는 둥 하다가 요리가 취미에 맞다고 요리학원을 열심히 다녔습니다. 제빵왕 김탁구처럼 제빵사가 되겠다고 합니다. 우리 주변에서 흔히 찾아볼 수 있는 아이의 모습입니다.

많은 부모님들은 아이의 적성에 맞고 아이가 좋아하는 일을 해서 꿈을 이루기를 바라고 있습니다. 아이의 흥미와 적성에 따라 상급학교를 선택한다고 합니다. 그러면서 많은 부모님들은 아이가 원하는 대로 할 수 있도록 허락해 주고 지지해 준다고 합니다. 하지만 막상 아이들은 자신이 진정으로 무엇을 잘하는지 자신은 어떤 직업적 흥미를 가지고 있는지를 모르고 있습니다. 그저 성적에 따라 상급학교를 선택하고 있습니다. 부모님들은 자녀들이 부모님 세대보다는 나은 삶을 살아가기를 바라면서 열심히 공부해서 성공하라고 합니다. 아이의 행복한 삶을 바라면서 아이들을 뒷바라지 하지만 아이들은 학년이 올라갈수록 힘들어 합니다.

이 책은 아이들이 먼저 자기 자신을 이해할 수 있도록 도와주고자 합니다. 자신이 태어날 때부터 가지고 있었던 강점은 무엇인지 알아보고, 자신이 즐겁게 할 수 있는 일은 무엇인지를 알아보게 합니다. 이와 더불어 성격을 알고 자신이 살아가면서 가장 중요하게 여기는 것이 무엇인지를 알게 하여 아이 스스로 자신을 사랑하고 많은 일에 자신감을 가질 수 있도록 합니다. 자신감을 가진 아이에게 하루를 살아가는 목표, 1주일을 살아가는 목표, 1년, 5년, 나아가 10년 후의 목표를 가질 수 있도록 합니다. 뚜렷한 목표가 있는 아이는 자신에게 주어진 시간을 효과적으로 활용할 수 있는 방법을 알게 합니다

우리의 아이들이 살아갈 세상에서는 무엇보나 중요한 것이 창의력입니다. 누가 시켜서 하는 것이 아니라 자신의 독특한 생각에 따라 주도적으로 살아가는 능력이 무엇보다 중요합니다. 이 책은 자신의 진로를 개척하기 위하여 자기주도적으로 목표를 세우고 적절한 계획을 실천하는 생활습관을 가질 수 있도록 의도되어 있습니다. best one이나 number one이 아니라 only one이 될 수 있는 길을 열어주고자 합니다. 아이가 꿈을 꾸게 되면 그 꿈은 아이를 only one으로 키워갈 것입니다.

각자의 꿈을 위한 네비게이터를 준비해 보자!

이 책은 초등학교 3학년부터 6학년에 이르기까지 스스로 즐겁고 자신 있는 생활을 하기 원하는 아이들에게 필요한 책입니다. 아이가 스스로 즐겁고 자신 있게 생활하기 위해서는 무엇보다 지금의 습관을 바꾸어야 합니다. 하지만 습관은 하루 아침에 바뀌지 않습니다. 잘못된 습관은 잘못된 행동이 반복되어 몸에 베어있기 때문입니다. 나쁜 행동을 좋은 행동으로 바꾸어 좋은 행동이 반복되도록 해야 합니다. 하지만 좋은 행동이 나올 수 있도록 하는 생각이 쉽게 바뀌지 않기 때문에 좋은 행동이 반복되지 못합니다. 그러므로 가장 중요한 것은 자신의 생각을 바꾸는 것입니다. 이 책은 자신의 생각을 바꿀 수 있도록 도와주고 있습니다.

이 책을 통해 초등학교 학생들은 자신의 강점, 흥미, 성격, 가치관을 알게 됩니다. 자신에 대해 올바르게 알게 되면 자신에 대한 생각과 세상을 바라보는 눈이 바뀌게 됩니다. 부정적인 생각이 긍정적으로 바뀌고 소극적인 행동이 적극적으로 바뀌게 됩니다. 이렇게 생각과 행동이 바뀌어 성공하는 사람의 습관을 몸에 익히기 위해서는 자신이 어디로 가야할지를 정확히 알아야 합니다. 정해진 길이 없는 하늘을 날아가는 비행기와 끝없이 펼쳐진 바다를

횡단하는 배들은 정해진 목적지가 있고 길을 안내하는 네비게이터가 있기 때문에 바로 앞에 목적지가 보이지 않아도 하늘과 바다를 가르며 바르게 나아가는 것입니다. 초등학생들의 생활도 마찬가지입니다. 부모님이 정해준 꿈과 목표가 아니라 스스로 정한 목표가 생기면 누가 시키지 않아도 공부를 비롯한 모든 생활을 스스로 즐겁게 이끌어 갑니다. 이 책은 초등학생들이 자신의 강점과 흥미에 맞는 목표를 정하고 그 목표를 향해 나아갈 수 있는 네비게이터가 될 것입니다.

목표가 정해진 초등학생들에게 무엇보다도 중요한 것은 시간을 관리하는 능력입니다. **이 책은 초등학생들이 시간이 무엇인지 알게 하고 시간의 소중함을 느낄 수 있게 합니다.** 시간의 소중함을 알고 자신에게 주어진 시간을 어떻게 활용하고 자투리 시간을 어떻게 시용하며 미루는 습관을 어떻게 바꿀 수 있는지를 알게 합니다. 결국 초등학생들이 공부를 비롯한 여러 가지 일들을 스스로 잘해 나갈 수 있는 습관을 가질 수 있도록 도와줍니다.

마지막으로 반드시 이루어질 꿈에 대해 알게 합니다. 꿈이 무엇인지 알고 나의 꿈을 세밀하게 그릴 수 있게 합니다. 아울러 자신이 살아가는 이유를 알고 꿈을 이루어가는 초등학생으로서 갖추어야 할 리더십을 알게 합니다.

이 책은 단순히 읽고 감동을 느끼는 것으로 끝나지 않습니다. 스스로 답을 찾고 질문에 대해 답을 생각하다 보면 자기도 모르게 생각이 바뀌고 행동이 바뀌어 좋은 습관이 형성되도록 이루어져 이 책에 대한 질문에 모두 답을 하고 나면 어느새 쑤욱 성장해 있는 자신을 발견하게 될 것입니다.

1. 초등학생 스스로 또는 부모님과 같이 할 수 있는 워크북입니다.

초등학생들 스스로 즐겁고 자신 있게 자신의 꿈을 이루고 미래를 열어갈 수 있도록 워크북 형식으로 구성하였기 때문에 초등학생들이 혼자서 스스로 풀어갈 수 있습니다. 아울러 부모님과 함께 자연스럽게 정해진 길에 따라 대화를 통해 미래를 열어갈 수 있습니다.

2. 초등학생들의 진로지도에 맞게 구성하였습니다.

초등학생들의 진로지도를 위해서는 무엇보다 자신에 대한 이해가 중요합니다. 진로지도 과정에서 등장하는 어려운 어휘들을 초등학생들이 쉽게 받아들일 수 있도록 개념을 먼저 이해할 수 있게 하였습니다.

3. 자기주도적인 생활을 할 수 있도록 단계적인 내용으로 구성하였습니다.

꿈을 이루기 위해 가장 먼저 자기 자신을 사랑하고 세상을 바라보는 생각을 바꾸고 행동을 바꾸며 반복된 행동에 의해 좋은 습관이 만들어질 수 있도록 구성하였습니다. 그뿐 아니라 꿈이 무엇인지를 알고 꿈을 세우고 꿈을 그리고 꿈을 이룰 수 있는 방법을 스스로 찾아갈 수 있도록 구성하였습니다.

4. 진로 포트폴리오를 작성하도록 구성하였습니다.

자신에 대한 이해를 통해 미래의 꿈을 선언할 수 있도록 각 단계마다 포트폴리오를 만들 수 있도록 구성하였습니다. 각 부분에서 활동한 결과를 잘 기록하다 보면 어느새 자신의 소중한 진로 포트폴리오가 될 것입니다.

1. 너 자신을 알라 – 자신에 대한 올바른 이해를 통한 자신감 향상 프로그램

1) 강점의 특징과 강점에 어울리는 직업을 알게 합니다.
2) 자신의 성격을 알고 성격에 맞는 직업을 알게 합니다.
3) 자신의 흥미를 알고 흥미에 어울리는 직업을 알게 합니다.
4) 가치관의 의미를 알고 자신의 가치관을 알아보게 합니다.

2. 목표, 기한이 정해진 꿈 – 쉽게 이룰 수 있는 목표 설정 프로그램

1) 목표의 의미를 알게 합니다.
2) 목표를 세우는 방법을 알게 합니다.
3) 다양한 영역에서 목표를 세워 봅니다.
4) 자신의 목표를 실행하기 위한 계획을 세워 봅니다.

3. 시간을 경영하라 – 시간의 노예가 아니라 시간의 주인되기 프로그램

1) 시간의 의미를 알게 합니다.
2) 시간을 관리하는 방법을 압니다.
3) 일의 우선순위를 정하는 방법을 압니다.
4) 자투리 시간을 활용하는 방법을 압니다.
5) 지기주도적인 학습 계획표를 세우는 방법을 압니다.

4. 꿈은 이루어진다 – 꿈을 이루는 네비게이션 프로그램

1) 꿈의 의미와 꿈의 힘을 알게 합니다.
2) 자신이 본받고 싶은 사람을 찾아봅니다.
3) 비전의 의미와 자신의 비전을 알게 합니다.
4) 사명의 의미를 알고 자신이 사명선언문을 만들어 봅니다.
5) 꿈이 있는 리더가 갖추어야 할 품성을 알아봅니다.

어린이 여러분 여러분이 작성한 답안과 모범 답안을 비교 검토해 보세요. 어렵다고 생각되는 문제는 모범 답안을 참고해도 좋습니다.

부모님께 전체적인 내용을 아이와 함께 대화형식으로 진행하면 더욱 효과가 있습니다. 제시된 예문과 문제를 아이가 소리내어 읽고 답할 수 있도록 하면 더욱 좋습니다.

첫 번째 장 _ 너자신을 알라

1. 나를 소개합니다

1〉 지금 나는? (10~11쪽)

좋아하는 것, 잘하는 것, 갖고 싶은 것, 좋아하는 사람은 오래 생각하지 않고 바로 생각나는 것을 적으면 됩니다, 생각나지 않으면 그대로 비워두어도 됩니다. 그룹으로 진행할 경우 아이들이 기록한 것을 보고 발표하도록 지도하면 됩니다.

2〉 친구들의 모습은? (12쪽)

같은 반의 친구나 같은 학원 또는 같은 모임의 친구들의 이름과 친구들의 강점을 적으면 됩니다. 또는 친구들이 발표하는 내용을 기록하면 됩니다.

3〉 가장 기억에 남는 친구는? (12쪽)

2〉에서 기록한 친구 중에서 선택하여 기록하면 됩니다.

2. 나의 강점은?

1〉 가젤이야기 (14쪽)

1) 아프리카의 초원에 사는 초식 동물
2) 이빨이 날카롭지 못하고 힘이 부족하다.
3) 빨리 도망칠 수 있다.
4) 근육에 힘을 기르고 육식으로 식단을 짰고 이빨을 날카롭게 갈았다.
5) 자신의 약점을 강하게 하려고 했기 때문
6) 자신의 강점을 더욱 강하게 한다.

2〉 강점에는 어떤 것들이 있나요? (16~17쪽)

1) ④ 2) ④ 3) ⑦ 4) ⑧ 5) ⑦ 6) ⑥
7) ② 8) ④ 9) ③ 10) ① 11) ⑤ 12) ⑥

3〉 나의 강점은? (18~25쪽)

가능하면 빠른 시간 안에 각 항목에 답을 할 수 있도록 노력하면 됩니다. 결정하기 어려운 경우 3번은 피하고 4번과 2번 중에서 선택합니다.

4〉 나의 강점 평가하기 (26쪽)

각 영역별로 표기한 번호의 합을 구해서 가장 높은 점수가 나온 것부터 순서대로 기록하면 됩니다.(최고점 60점, 최하점 12점)

5〉 나의 강점 선언문 (27쪽)

점수가 높은 강점 세 가지를 기록하고 날짜를 기록한 후 가족이나 그룹 앞에서 큰 소리로 발표하도록 합니다.

3. 나의타고난 성격

1〉 성격이란? (29쪽)

1) (자신이 생각하는 의견을 기록합니다.)
2) 한 사람이 일상생활을 하면서 사람, 사건, 자신, 외부환경에 대해 보이는 일반

적인 행동 양식
3) (자신의 성격을 간단하게 서술합니다.
   예) 급해요, 느긋해요)
4) 유전, 가정, 문화, 학습, 사회환경, 경험 등

2> 나의 공부 성격은? (35쪽)

1) ④ 2) ④ 3) ④ 4) ③

4. 나의 흥미

1> 흥미란 (36쪽)

1) 어떠한 사물이나 활동에 대해 나타내는
   감정이나 태도, 즉 관심이나 취미
2) 즐거움을 줍니다.
   게으름을 이기게 해 줍니다.
   걱정을 잊게 합니다.
   정신을 집중하게 합니다.
   어려움을 극복하게 합니다.

2> 흥미와 직업 (38쪽)

1) 자신이 가장 좋아하는 일을 할 때
2) 일하는 과정이 즐거워집니다.
3) ④
4) ⑤
5) ④
6) ②
7) ③
8) ④

5. 나의 가치관

1> 가치관이란? (47쪽)

1) 사람, 일, 사물 등이 나에게 얼마나 중한
   것인지를 따져보는 판단
2) 일을 해도 피곤을 느끼지 않는다.
   시로 다른 생활방식, 문제해결 방법, 목
   표, 직업을 선택하게 합니다.

3) 가치관

2> 가치관과 공부 (48~49쪽)

1) ①
2) ⑤

1. 목표란 무엇인가?

1> 목표란 무엇인가요? (56쪽)

1) 목표를 가져야 합니다.
2) 꿈과 희망을 이루기 위한 실행 계획
3) 꿈은 우리의 선신과 마음속에 있는 것이고
   목표는 꿈보다 구체적이고 뚜렷한 꿈을
   실현하는 디딤돌

2> 목표는 왜 중요할까요? (57쪽)

1) 분명한 목표를 세웠기 때문
2) 모든 일의 시작이기 때문
3) 시간과 물질, 노력에 새로운 의미와 가치
   를 부여하기 때문
4) 방향이 정해져 방황하거나 혼란스러워하
   지 않기 때문

3> 목표를 가져야 하는 이유 (58쪽)

1) 자신이 원하는 사람이 되는 데 도움을 주
   기 때문
2) 예) 빌 게이츠(세상 모든 사람들의 책상
   위에 컴퓨터가 있게 하겠다)
   박지성(유럽 프로축구 무대에서 활약하
   겠다)
   김연아(올림픽에서 금메달을 따겠다)
3) 자신감을 높여주기 때문
4) 불가능을 가능으로 바꿀 수 있게 도와주
   기 때문

4〉 목표의 힘 (59쪽)

1) 예일대학
2) 대학원 졸업생
3) 사회 각 분야에서 크게 성공했고 나머지 97% 수익을 더한 것보다 많았다.
4) 사회의 최하층으로 살거나 실업자가 되어 정부 보조금으로 생활하고 있었다.

2. 목표를 세우는 방법

1〉 효과적인 목표를 세우는 방법 : PPP (60~61쪽)

1) Positive-긍정적으로 작성합니다
(1) 수업시간에 조용히 한다.
 수업시간에 선생님 말씀을 잘 듣는다.
 수업시간에 열심히 공부한다.
(2) 일찍 일어난다.
(3) 예쁜 몸매를 가진다.
 균형잡힌 몸을 만든다.
 날씬한 몸매를 가진다.

2) Present-현재 시제로 작성합니다
(1) 중간고사에서 100점을 받는다.
(2) 하루에 영어 단어를 20개씩 외운다.

3) Personal-주어를 1인칭으로 작성합니다
(1) 나는 정해진 시간에 숙제를 끝낸다.
(2) 나는 1개월 후에 xxKg의 날씬한 몸매를 가진다.

2〉 좋은 목표의 조건 : S.M.A.R.T 원칙 (62~65쪽)

1) Specipic-목표는 구체적이어야 합니다
(1) 나는 하루에 1시간씩 여유 시간을 갖는다.
(2) 나는 반에서 3등 이내에 든다.
(3) 나는 저녁을 먹은 30분 후에 걷기 운동을 한다.

2) Measurable-목표는 측정할 수 있어야 합니다
(1) 나는 일주일에 한 권씩 책을 읽는다.
(2) 나는 한 달에 용돈에서 100원씩 저축한다.

3) Active-목표는 현실적이어야 합니다
(1) 나는 미술대학에 진학하여 전국 미술대회에서 상을 받는다.
(2) 나는 매일 학교에서 있었던 일을 부모님과 대화를 나누어 부모님을 기쁘게 한다.

4) Reachable-목표는 도달할 수 있어야 합니다
(1) 나는 매일 아침 일어나 거울을 보며 세 번씩 큰 소리로 웃는다.
(2) 나는 30세에 결혼하여 두 자녀를 낳아 행복한 가정을 이룬다.

5) Time-limited-목표는 시간제한이 있어야 합니다
(1) 나는 2학기 중간고사 시험에서 전교 1등을 한다.
(2) 나는 올해 12월까지 컴퓨터 활용 자격증을 취득한다.

5. 목표를 달성하자

1〉 목표 실행 계획 세우기 (73~74쪽)

1) 실천계획을 세워요.
2) 좋은 계획도 실천해야 성공할 수 있다.
3) 바로 기록해요.
4) 쉽고 간단하며 빨리 달성할 수 있는 순서로 순위를 정해요.

세 번째 장 _ 시간을 경영하라

1. 시간이란 무엇인가?

1〉 시간이란 무엇인가요? (82쪽)

1) (자신의 생각을 적어요.)
2) 시각과 시각 사이의 간격 또는 그 단위

2> 시간은 어떤 특성이 있을까요? (84쪽)

1) (자신의 생각을 적어요.)
2) 24시간
3) (자신의 생각을 적어요.)

3> 시간적 가치는 얼마일까요? (85쪽)

1) (자신의 생각을 적어요.)
2) (자신의 생각을 적어요.)
3) (자신의 생각을 적어요.)

2. 시간을 경영하라

1> 시간관리는 왜 필요한가요? (87쪽)

1) 성공적으로 살아가기 위하여
2) (자신의 하루 일과를 적어요.)

3. 일의 우선순위 정하기

1> 우선순위란 무엇인가요? (94쪽)

1) 어떤 목표나 일이 다른 것보다 더 중요해서 우선 처리하는 것
2) 해야 할 일을 정리할 필요가 있기 때문에 시간과 힘이 제한되어 있기 때문에

2> 모든 일에는 우선순위가 있다 (95~96쪽)

1) 중요한 일
2) 가장 중요한 일을 하지 못할 수도 있다.
3) (자신의 생각을 적어요.)

4. 자투리 시간 활용하기

1> 자투리 시간이란 무엇인가요? (99~100쪽)

1) 옷을 재단하고 남은 천 조각
2) 활동과 활동 사이에 에기치 않게 생기는 비교적 짧은 시간

3) 짬, 틈, 조각 시간, 토막 시간, 보너스 시간, 뜻밖의 기회, 작은 시간, 대기 시간 등

2> 자투리 시간을 활용하라 (101쪽)

1) 금가루(금 부스러기)
2) 초등학생이 평균 1분에 2페이지를 읽고, 책의 페이지가 200페이지라고 가정할 때 15×2×30(한 달)=900×12=10,800(1년)÷200=54권
3) 목적의식이 없으면 자투리 시간이 생겨도 그때의 기분에 따라 시간을 흘려 버리기 때문

5. 자기주도적 학습 계획표

1> 자기주도적 학습이란 무엇인가요? (105~106쪽)

1) 한 입에 한 입씩 먹으면 된다.
2) 학습을 하는 사람이 스스로 학습 목표를 세우고, 학습 계획을 수립해 학습을 수행하며 학습 과정을 스스로 평가하는 학습 과정
3) (자신의 생각을 적어요.)

네 번째 장 _ 꿈은 이루어진다

1. 꿈이 있는 미래

1> 꿈이란 무엇인가요? (113쪽)

1) (자신의 생각을 적어요.)
2) 자신의 꿈이 무엇인지 찾아보도록 하세요.

2> 꿈의 힘 (114쪽)

1) 비행기를 만드는 것
2) 증기 기관을 만드는 것
3) (자신의 생각을 적어요.)
4) 의욕을 갖게 하고 집중하게 하며 행동하

게 하는 힘

3〉 꿈꾸는 능력에 따라 인생이 달라진다
(115쪽)

1) 살아있을 때 피카소는 성공한 화가였고 반 고흐는 실패한 화가였다.
2) 자기 자신의 꿈을 찾고 이루는 방법을 찾는 것

4〉 글로 적고 읽어라, 꿈은 이루어진다
(117쪽)

1) 꿈이 너무 비현실적이어서
2) 꿈의 노트를 한 글자도 고치지 않고 그대로 제출하였다.
3) 자신의 꿈을 적고 그 꿈에 대한 확신을 가지고 있었다.

2. 나의 꿈-꿈을 만나라

1〉 내가 꾸고 있는 꿈 (119쪽)

1) (자신의 생각을 적어요.)
2) (자신의 생각을 적어요.)

3. 나의 비전-꿈을 그려라

1〉 비전이란? (123~124쪽)

1) 공상
2) 그림
3) 추상적인 꿈을 생생한 그림으로 스케치하고 색칠하는 것

4. 나의 사명-꿈을 이루어라

2〉 사명선언문이란? (132쪽)

1) 자신의 존재 이유를 문서로 공식화하는 것
2) 자신의 삶에 대해 생각해 보게 됩니다.
자신의 내면 깊은 곳에 있는 생각과 감정을 살펴볼 수 있게 도와줍니다.

자신에게 정말 중요한 것이 무엇인지 분명하게 합니다 등등.

3〉 쉬운 사명선언문 만들기 (133쪽)

1) 한 문장을 넘어서는 안된다.
초등학생이라도 이해할 수 있어야 한다.
쉽게 외울 수 있어야 한다.

5. 다짐-꿈을 다져라

1〉 열정으로 가득한 나 (139쪽)

1) 미래를 바라보며 열정적으로 피나는 노력을 기울인 점

2〉 끈기로 꿈을 이루는 나 (140쪽)

1) (자신의 생각을 적어요.)
2) (자신의 생각을 적어요.)

3〉 너와 함께 이루는 꿈-경청 (141~142쪽)

1) 다른 사람의 말에 귀를 기울여 주는 것
2) 눈을 마주보며 들어요.
고개를 끄덕이며 들어요.
맞장구를 치며 들어요 등.

4〉 너와 함께 이루는 꿈-배려 (143쪽)

1) 상대방의 입장을 자신의 입장보다 우선시 하고, 다른 사람의 어려움이나 필요에 응답해 주는 것
2) (자신의 생각을 적어요.)

5〉 우리가 함께 이루는 꿈-봉사 (144쪽)

1) 남을 돕는 것, 나의 것을 다른 사람에게 주는 것
2) (자신의 생각을 적어요.)
3) (자신의 생각을 적어요.)

초판 1쇄 발행　2011년 9월 20일
초판 4쇄 발행　2022년 6월 10일

지 은 이　　백영수
펴 낸 이　　김호석
펴 낸 곳　　대가주니어
편 집 부　　주옥경 · 곽유찬
마 케 팅　　오중환
경영관리　　박미경
영업관리　　김경혜

등　　록　　제311-47호
주　　소　　경기도 고양시 일산동구 무궁화로 32-21 코네스테발릭디워 405호
전　　화　　02) 305-0210
팩　　스　　031) 905-0221
전자우편　　dga1023@hanmail.net
홈페이지　　www.bookdaega.com
I S B N　　978-89-967031-0-5　63180

＊ 파손 및 잘못 만들어진 책은 교환해드립니다.
＊ 이 책의 무단 전재와 불법 복제를 금합니다.

내가주니어는 도서출판 대가의 임프린트사입니다.

띵똥!

선언문 완전 정복

선언문 양식을 활용하여
나의 꿈을 이루어 가는 기회를
만들어 보세요.

나의 강점 선언문

슈퍼스타 ___________는

___________지능 ___________지능

___________지능이 뛰어납니다.

20____년____월____일

나의 흥미와 직업 선언문

슈퍼스타 _____________ 는

_____________ 흥미 유형입니다.

나의 흥미 유형에 맞는 직업인 ① _____________

② _____________ ③ _____________ 에

관심을 갖고 최선을 다합니다.

20 ____년 ____월 ____일

나의 가치관 선언문

슈퍼스타 ___________ 는 ____________ 을 가장 중요하게

생각합니다. 나의 직업 가치관 유형은 ① ______________

② ______________ ③ ___________ __ 입니다.

나의 직업 가치관 유형에 적합한 직업인 ① ______________

② ______________ ③ ______________ 에

관심을 갖고 최선을 다합니다.

20 ___ 년 ___ 월 ___ 일

목표 선언문

슈퍼스타 ＿＿＿＿＿＿＿＿＿ 는 오늘 세운 목표가

반드시 이루어질 것을 확신합니다.

① ＿＿＿＿＿＿＿＿＿＿＿＿＿＿＿＿＿＿＿＿＿＿＿＿＿＿

② ＿＿＿＿＿＿＿＿＿＿＿＿＿＿＿＿＿＿＿＿＿＿＿＿＿＿

③ ＿＿＿＿＿＿＿＿＿＿＿＿＿＿＿＿＿＿＿＿＿＿＿＿＿＿

④ ＿＿＿＿＿＿＿＿＿＿＿＿＿＿＿＿＿＿＿＿＿＿＿＿＿＿

⑤ ＿＿＿＿＿＿＿＿＿＿＿＿＿＿＿＿＿＿＿＿＿＿＿＿＿＿

⑥ ＿＿＿＿＿＿＿＿＿＿＿＿＿＿＿＿＿＿＿＿＿＿＿＿＿＿

⑦ ＿＿＿＿＿＿＿＿＿＿＿＿＿＿＿＿＿＿＿＿＿＿＿＿＿＿

⑧ ＿＿＿＿＿＿＿＿＿＿＿＿＿＿＿＿＿＿＿＿＿＿＿＿＿＿

⑨ ＿＿＿＿＿＿＿＿＿＿＿＿＿＿＿＿＿＿＿＿＿＿＿＿＿＿

⑩ ＿＿＿＿＿＿＿＿＿＿＿＿＿＿＿＿＿＿＿＿＿＿＿＿＿＿

＿＿＿년 ＿＿＿월 ＿＿＿일

＿＿＿＿＿＿＿＿＿＿ 에서 ＿＿＿＿＿＿＿＿＿ (서명)

증인 ＿＿＿＿＿＿＿＿＿ (서명)

사명선언문